Cuestión Monetaria en Puerto Rico

(finales siglo XIX)

Transcripciones

Angel O. Navarro Zayas

2007

Sr. Angel O. Navarro Zayas
Urb. Anaida Calle 4-C-29
Ponce, Puerto Rico 00716
1 (787) 840-6298
1 (787) 299-4818
Email: angelnavarro2000@gmail.com
1ª. Edición © 2007 *por Angel O. Navarro Zayas. Todos los derechos reservados.*
ISBN: 978-0-6151-5157-1

Dedicatoria

Quiero dedicar este libro a mis padres, el Dr. Nelson Navarro Ramas y a Doña Flor del Carmen Zayas Yordán, por darme vida mas de una vez...

A mis tíos el Dr. David Zayas Montalvo y el Dr. Miguel Moreno Quintana por enseñarme desde niño a querer y apreciar la numismática.

A mi ahijado Gabriel Antonio Zayas Santiago, para que siga disfrutando del sano y educativo hobby de coleccionar monedas y aprenda sobre la historia monetaria de nuestra isla.

ÍNDICE

1. Prats, José G. *Las Dos Crisis; Apuntes para el Estudio del Malestar Actual de Puerto-Rico. Acta de la Junta Magna Celebrada en la Villa de Aibonito por los Delegados de los Departamentos de Puerto-Rico.* 29 y 30 de agosto de 1886..........................págs. **6-35**

2. *Exposición al Excmo. Señor Ministro de Ultramar Acompañando el Acta de la Asamblea de Aibonito.* 2 de septiembre de 1886...págs. **36-42**

3. Acosta y Calvo, J.J. (1887) *El Canje de la Moneda Mejicana en Puerto-Rico*...págs. **43-58**

4. *Cuestion Monetaria, Telegramas, Cartas y Artículos del Comercio, Agricultura y la Prensa de la Isla protestando contra la circular de Don Guillermo Mullenhoff*, Mayagüez, Tipografía Comercial. 1888..págs. **59-129**

5. Vijande, E. *La Cuestión Monetaria en Puerto Rico.* Madrid (1889). Tipografía de Manuel Ginés Hernández Impresor de la Real Casa...págs. **130-192**

6. *La Cuestión Monetaria en Puerto Rico y el Sr. Bastón.* Madrid, mayo (1894). Imprenta de la "Revista de Navegación y Comercio". Sagaste, núm 19.......................págs. **193-214**

7. *Exposición que acerca de la Cuestión Monetaria eleva al Excmo. Sr. Ministro de Ultramar La Cámara Oficial de Comercio, Industria y Navegación de San Juan de Puerto Rico.* (1894) Puerto Rico, Tipografía del Boletín Mercantil..págs. **215-223**

Notas del Editor

Las transcripciones que aquí recopilamos y presentamos, fueron publicadas hace mas de 110 años durante el colonialismo español en Puerto Rico. Hemos tratado de preservar íntegramente los documentos como fueron publicados originalmente, inclusive utilizando varios de los artes gráficos. Incluímos errores tipográficos, ortográficos y de omisión de letras; sólo en algunos casos hemos incluído alguna omisión entre [ ]. Además hemos utilizado los números de las páginas originales para que los estudiosos del tema monetario puedan citar la página exacta en la cual se encuentra el texto.

Agradecemos a Don Efraín Archilla Diez, quien desde hace años promueve el estudio numismático en Puerto Rico y tuvo la desinteresada gentileza de enviarnos el documento de la *Cuestión Monetaria* (1888), para nuestro estudio.

Los otros documentos fueron obtenidos de la Biblioteca Lázaro, en la Universidad de Puerto Rico, en Río Piedras, a cuyo personal agradecemos permitirnos fotografiar los documentos para nuestro estudio.

Hemos dedicado muchas horas de transcripción para que estos documentos puedan ser accesibles para quienes estudian la numismática, la historia monetaria e historia económica de Puerto Rico. Así pues, con este trabajo tratamos de promover el estudio de la historia monetaria de la isla la cual tenemos la certeza que no ha sido estudiada lo suficiente por los historiadores.

Estos documentos, son muy importantes, ya que son fuentes primarias que ayudan a entender mejor la situación monetaria imperante en Puerto Rico a finales del siglo XIX.

Queremos agradecer a nuestro amigo Don Luis Antonio Rodríguez Vázquez, estudioso y numismático, quien nos motiva en nuestras investigaciones. Además, agradecemos al estudioso numismático el Sr. Jorge Crespo Armáiz quien ha sacado de su tiempo para ayudarnos a localizar fuentes primarias y secundarias.

Con estas transcripciones, hemos tratado de hacer más accesible estos raros documentos para los estudiosos de la historia económica y la numismática puertorriqueña. Esperamos le sea útil a usted, el lector.

Angel Osvaldo Navarro Zayas
PONCE, PUERTO RICO.
mayo, 2007

LAS DOS CRISIS.

APUNTES PARA EL ESTUDIO DEL MALESTAR ACTUAL DE PUERTO-RICO,

POR D. JOSÉ G. PRATS

I.

El País atraviesa en los momentos actuales dos crisis: una monetaria, la otra agrícola, con caracteres y de origen independientes la una de la otra, pero íntimamente ligadas en sus efectos, ya adversos, ya favorables, sobre el público bienestar.

La crisis agrícola es principalmente una crisis azucarera debida, como es notorio, á la excepcional competencia surgida en los mercados del mundo por el exceso de producción y baratura del azúcar de remolacha.

Sus efectos en esta Isla han sido todos adversos: Una baja sin precedentes, y sostenida, de los precios del azúcar durante las tres últimas campañas de 1884, 85 y 86. La reducción consiguiente ó anulación de los beneficios de los fondos azucareros; la depreciación de éstos; la disminución del comercio de exportación e importación; la contracción del crédito interior y exterior; la reducción del metálico circulante; la subida de los cambios; en suma, una paralización y un malestar que se han hecho extensivos á todas las industrias y ramos diversos de la riqueza pública, amenazando al País, esta vez seriamente, con la bancarrota general que, hasta ahora gracias á su vitalidad sorprendente, ni los fenómenos políticos, sociales o naturales más graves que se han sucedido en este suelo en los últimos 18 años, han podido imponerle.

La crisis monetaria, considerada independientemente de la agrícola, tiene un origen semejante al de aquella; esto es, en la depreciación de la plata, igualmente por exceso de producción; y sus efectos, agravados en Puerto Rico, por la adopción como moneda oficial de uno de los cuños que menos garantías ofrecen y que más abundan en todos los mercados, han debido ser los mismos que se derivarían de la emisión excesiva de un papel moneda de curso forzoso, admisible á la par, por el Estado, autor de la emisión, sin más diferencias que las de grado ó intensidad que resultan del escaso valor intrínseco y del posible abuso de la emisión del papel, inconvenientes que no existen respecto de la plata. Esos efectos, la experiencia nos enseña que hubieran debido ser, y en parte han sido realmente, los siguientes, unos adversos, otros benéficos: abundancia de numerario en circulación, subida de los cambios sobre el exterior, cotizados en dicha moneda, alza de los precios de todo lo que se importa y exporta, alza de los jornales, aumento de precio de las propiedades muebles e inmuebles, y en fin, de todo lo que se compra y vende y constituye la riqueza del País; es decir, una alza general de precios en relación con la pérdida de valor del medio circulante de curso forzoso, en que se evalúan esos precios, así como la perturbación consiguiente de los contratos existentes entre deudores y acreedores, con ventaja para los primeros y en perjuicio de estos últimos que, á cambio de una moneda buena, han de recibir una depreciada.

Por una circunstancia especial de esta Isla, [aludimos á la escasez de numerario que en todo tiempo se había sentido en ella] la reacción producida por la abundancia de metálico debía traer igualmente y trajo en efecto, antes de que se pronunciase la crisis azucarera, á principios del 84, la abundancia de capitales en solicitud de empleo, la baja de los tipos de interés y de descuento, la fiebre de empresas ya industriales, ya financieras, como pocas veces se había entre nosotros y, sin la crisis agrícola, hubiera traído la recuperación del crédito en el extranjero y una prosperidad, ya real, ya aparente, según el empleo más ó menos prudente, lucrativo y sólido que se hubiera dado á esos capitales.

De todos estos efectos de la situación monetaria, unos no se han realizado y otros han sido agravados ó complementados, y otros compensados ó disminuidos por la crisis azucarera y otras causas extrañas.

Entre los agravados por la crisis agrícola, en primer término figura el alza de los cambios, pues habiendo depreciado nuestro principal producto de exportación, el azúcar, y disminuido la producción de los demás frutos exportables, y menguado, aún más de lo que estaba, el crédito del País en el exterior la escasez de giradores consiguiente tenía precisamente que traer, como consecuencia, el alza de dichos cambios, que han venido á sumarse á la que ya existía por efecto de la depreciación de la moneda circulante y otras causas anteriores.

Entre los perjuicios reparados ó disminuidos por la crisis agrícola y otras causas, figura, como veremos más luego, entre los acreedores, quienes si bien han visto cercenar por efecto de la depreciación de la moneda una parte de sus capitales en metálico, parte determinada por la cuantía del alza general de precios que apenas se ha pronunciado todavía, encuentran desde luego una compensación en el tipo elevado del interés y del de (papel roto) á que realizan sus nuevas operaciones.

Los demás perjuicios de la depreciación de la plata no se han realizado. Las subsistencias no han encarecido, ya sea por que su primer costo haya disminuido en el extranjero, ya porque su calidad haya empeorado, y por esta causa, así como por la disminución del cultivo de caña, efecto de los bajos precios de los azúcares. los jornales tampoco han sufrido alteración. No ha experimentado esa alza, tampoco, la mayor parte de lo que es objeto del comercio interior, debido en parte á la lentitud con que suelen prolongarse estos efectos en las crisis monetarias, lentitud favorecida en Puerto-Rico por la circunstancia de ser el fisco el primero en dar el ejemplo de admitir, poco menos que á la par, la moneda depreciada, y en segundo lugar por la influencia depresiva que en todo ha ejercido y ejerce el malestar y, podemos decir, la miseria, engendrada por la otra y mucha má grave crisis de que hemos hecho mención.

A la par de estos efectos que, bajo cierto punto de vista pudiéramos llamar favorables, los beneficios de la abundancia del metálico en circulación han tenido que desaparecer también ante la influencia desastrosa de la crisis azucarera. El aumento del valor de las propiedades no se ha realizado, y por el contrario el decaimiento de las haciendas de caña y el de la ganadería, principales fuentes de nuestra riqueza, ha arrastrado tras sí el valor de todas las fincas agrícolas y en parte el de las urbanas; la expansión del crédito en el interior que empezó á notarse durante el año de 1883, bajo la forma de cajas de ahorro, bancos de emisión, tranvías, empresas salineras, marítima, de seguros etc., ha cedido el lugar á una depreciación y tirantez del mercado *de préstamo*, o monetario, tal como pocas veces se había visto en este País y aún no es mayor, seguramente, á causa del [papel roto] ción en contrario que todavía ejerce la cantidad relativamente reducida de moneda depreciada que aún permanece en el País.

De todo esto deducimos:

1º. Que el perjuicio más visible de momento entre los enumerados arriba, como consecuencia de la depreciación de la plata circulante, es el causado por el alza inusitada de los cambios.

2º. Que si menos visible de momento, no menos real es el que percibe la clase de los acreedores, en general, en frente á sus deudores, beneficiados, con la depreciación aludida, en lo mismo (papel roto) ellos pierden.

3º. Que la crisis azucarera ha hecho desaparecer en gran medida efectos beneficiosos de la abundancia de metálico, si bien esta sigue siendo un contrapeso saludable en el mercado monetario, contra las perniciosas consecuencias de aquélla, y

4º. Que de la crisis azucarera quedan subsistentes todos sus efectos adversos, arriba enumerados.

II.

Por lo que respecta al alza de los cambios, los perjuicios que de lo que ya hemos dicho se originan, recaen necesariamente en los compradores de los giros; esto es, en primer lugar, sobre las clases oficiales de alta y baja categoría que necesitan extraer del País el importe de sus ahorros. Para éstos la baja de la plata es un grave mal, pues cercena notablemente sus pingües ó escasos haberes, ya sugetos en parte, de antemano, á un crecido descuento por contribución de guerra, que aún subsiste, apenas de haber desaparecido el pretexto.

Recae igualmente sobre los capitales que previendo las consecuencias que pueda traerles el malestar general del País, se aventuran á colocar en el exterior el sobrante de sus ganancias, en general, sobre todos los tomadores de giros, si bien no sobre los comerciantes importadores, quienes encuentran una compensación ya sea en la mayor baratura de los efectos, por regla general de inferior calidad importadós, ya en el alza de los precios á que los venden.

Por el contrario, la altura inusitada de los cambios, ó mejor dicho la baja en el valor de la moneda, á que aquélla obedece, sostiene, como es sabido, los precios de nuestros frutos de exportación, á una altura que no tendrían si los cambios estuviesen á la par. La diferencia es tal en el azúcar solamente, que sin esta ventaja que la favorece la competencia en los mercados consumidores sería imposible y habrían bastado las tres ruinosas campañas que hemos alcanzado, para que á la hora presente no existiese una sola finca azucarera en pié. Y esta ventaja no es aparente, como se ha pretendido, y como habría sucedido si el equilibrio perturbado por la baja de la plata que nos sirve de moneda su hubiera ya restablecido, con el alza general de precios que debe ser su consecuencia lógica.

En nuestra Isla ha acontecido lo que acontece en todas partes, cuando el medio circulante, metálico ó papel, experimenta alguna variación importante de valor, que la subida ó baja general de precios no se produce repentinamente, sino de una manera lenta que á veces se prolonga mucho tiempo, según la multitud y variedad de causas que influyen en el fenómeno, experimentando primero los efectos todo lo que es objeto del comercio al por mayor y propagándose luego á todo lo demás.

Aquí además de esta causa, ha habido otras que dejamos indicadas arriba, que han retardado y seguirán retardando el alza del valor de las subsistencias y de los jornales, y de ahí que los azúcares obtengan una ventaja real, positiva, y no aparente, como algunos suponen, mientras dure el desequilibrio á que nos referimos. Solo en el caso excepcional de fincas desempeñadas que extraigan del País sus sobrantes, puede ser, en parte, ilusorio aquel beneficio; pero éstas se encuentran en una escasa minoría respecto de las demas.

Hay también quien niega en absoluto la influencia de los cambios sobre el precio de los azúcares, basándose por una parte en que durante el presente año, cuando más altos estuvieron los primeros, más bajos se hallaban los últimos y viceversa, sin tener debidamente en cuenta las fluctuaciones del artículo en los mercados del exterior que nos sirven de norma, y acudiendo luego á cálculos más o menos exactos y comerciales, para demostrar que los precios reinantes en la Isla ha sido inferiores á los correspondientes del exterior, peso por peso, abstracción hecha del cambio, cálculos que si algo demuestran, es, ó la ligereza con que se han hecho, ó la flojedad del mercado local á que se refieren en el momento dado, así como la margen de beneficio á que aspira todo el que especula. A los que así piensan, solo habría que recomendarles que inquiriesen de las casas exportadoras, si acostumbran ó no hacer caso omiso de la diferencia de monedas en sus cálculos, cuando desean conocer el precio máximo que pueden pagar por los frutos objeto de su especulación.

El comerciante que esto hiciera, la misma razón tendría para omitir el costo del flete, derechos ú otros datos importantes. Descartando, como poco serias, estas objeciones, tenemos pues, si nuestras apreciaciones son exactas, que están en la balanza por un lado el interés de una porción no escasa de empleados públicos y miembros del ejército, junto con el de los capitalistas asustadizos y propietarios residentes fuera del País, y por otro lado el interés de la agricultura y de todas las clases productoras de la Isla.

Y procurar beneficiar al primero de estos intereses, esforzándose por conseguir la nivelación de los cambios ya con medidas parciales ó contraproducentes, como algunas de las propuestas ó llevadas á cabo, ya acudiendo á la única eficaz y verdaderamente estable, que consiste en adoptar no solo el valor del oro, como base ó patrón principal de nuestro sistema monetario, sino en rechazar la plata de las transacciones en cierta proporción determinada de antemano por la ley, para los usos del comercio al por menor; procurar esto, decimos, equivaldría en los momentos actuales á acelerar la ruina de una sección importantísima de la agricultura, hoy necesitada del apoyo y hasta de los sacrificios de todas las clases y autoridades del País, si es cierto que de ella principalmente viven y medran dichas clases y que su desaparición produciría tal catástrofe que de ella no se repondría la Isla en muchos años.

Y tanto nos parece prematuro y perjudicial el afán que se ha despertado en ciertos gremios por llegar cuanto antes á la nivelación de los cambios, cuando pensamos que por una parte nada sería más fácil y más justo, por lo que respecta á la clase que percibe sueldos del Estado, que éste tomará á su cargo la traslación de sus ahorros á las familias de los que lo solicitasen, mediante una moderada retribución, que les evitase las pérdidas en que hoy incurren, á lo menos, el aumento de cargas que por este concepto sufriría la Isla, sería insignificante, comparado con el daño que de la nivelación de cambios se le seguiría.

Y por lo que respecta á los capitales que emigran, no comprendemos bien la ventaja que habría en facilitar esa corriente agotadora de las fuerzas del País, contra la que en otro tiempo ha clamado una parte de la prensa.

Cierto es que también se ha dicho repetidas veces en los periódicos, y alguna vez por personas ilustradísimas "que a consecuencia de los altos precios los giros, *la riqueza general* viene sufriendo una pérdida de 20 p00". Pero en nuestro humilde juicio hay en esta aseveración ó una ligereza de redacción ó una conprensión de ideas lamentable.

En primer lugar la crisis la crisis monetaria actual no la constituye un alza de los cambios, pues ésta no es más que una consecuencia, y sí la depreciación de la plata que nos sirve de medida ó patrón de referencia para todo lo que se compra y vende, y en parte constituye lo que se llama riqueza general ó pública. Y en segundo lugar, esa riqueza general, que *no es dinero*, sino la totalidad de los productos útiles del trabajo, no puede ser afectada por su valor comercial, determinado, como está por el costo de producción y las influencias de la oferta y la demanda, no puede ser afectada, repetimos, por el alza ó baja del mero signo convencional en que se evalúa ó cotiza esa riqueza.

No, esa riqueza se *evaluará* simplemente en una cantidad numérica *menor*, si el signo ó moneda que le sirve de medida escasea y con la escasez aumenta en valor, ó se *evaluará* en una cantidad numérica mayor, si el signo ó moneda abunda y con la abundancia disminuye su valor, como en el día sucede. De manera que si hubiéramos de creer, como los sustentadores de la opinión que venimos rebatiendo, que el valor de la moneda ejerce alguna influencia en la riqueza pública, más bién tendríamos que decir que la riqueza general en vez de una pérdida, viene experimentando un beneficio de 20 por 100 por consecuencia de la crisis monetaria.

Pero no, la riqueza general, por lo que respecta á la cuestión de la moneda, permanece la misma, y mientras subsista el trabajo remunerado que la engendra y sostiene, subsistirá aquélla y seguirán canjeándose productos por productos en la misma proporción que antes, excepción hecha de aquellos á los cuales aún no ha llegado la ola del alza general de precios de que hablamos en un párrafo anterior.

Todo esto es, sin duda, elemental, y solo por distracción ha podido incurrirse en sostener tal doctrina, atribuyendo el decaimiento alarmante que todos palpamos en la riqueza general del País, á la crisis monetaria, cuyos efectos, considerada aisladamente, no serían nunca tan perniciosos como se supone, en vez de hacerlo á esa otra crisis azucarera que nos abruma y que sola es la que afecta las fuentes de las riquezas del País.

Uno de los males principales, el de más alcance sin duda de los que produce la depreciación de nuestra moneda, dijimos que era el que experimenta la clase de los acreedores en general en frente de sus deudores, pues aquellos reciben, á cambio de la moneda buena que entregaron, otra de menos valor.

Pero ya hemos indicado también que este perjuicio no es más que parcial por ahora, porque aún no se ha pronunciado el alza general de precios, gracias en parte á la lentitud con que se transmite, por las razones expuestas, y gracias especialmente á la influencia deprimente que sobre estos precios ejerce la crisis agrícola-industrial que atravesamos, aquellos capitales amonedados sufren, en efecto, menoscabo, con su depreciación, por que disminuye á proporción del alza general de precios su poder para adquirir; pero no habiéndose realizado dicha alza en toda su extensión, claro está que tampoco lo habrá sido el perjuicio, siempre que dichos capitales hayan permanecido en el País.

Además; dicho perjuicio ha venido realizándose de una manera lenta y apenas sensible para esos acreedores, á medida que se ha ido pronunciando la disminución de valor de la moneda, encontrando una compensación, ya lo hemos dicho también, en el tipo elevado de los intereses y del descuento mercantil, efecto de la crisis azucarera.

En contraposición á esto, si el País volviera repentinamente á los pagos en oro, como parece desearse por una gran parte del público y mucho tememos que se consiga, si continúa la actual propaganda en ese sentido, y vistas las inclinaciones del Gobierno á secundar lo que acabará tal vez por creer el deseo unánime del País, los efectos desastrosos de esta reacción habrán de ser para los deudores un mal mucho más intenso que el que hoy experimentan los acreedores. Aquéllos, que á cambio de una moneda de inferior calidad que recibieron de éstos, habrán de entregarles oro, ó su equivalente, esto es que, á cambio de un duro de plata mejicana, tendrán que devolver un duro de oro, ó

$1.25 de plata, no obtendrán á su vez compensación alguna por la baja del tipo de los intereses, pues esta baja no podrá producirse interín subsista la crisis azucarera, esta verdadera y por su importancia podemos decir única causa del malestar que experimenta el País.

Pero no será seguramente éste el único mal que sobrevenga por consecuencia de la, en estos momentos, inoportuna reforma que se medita, de nuestro sistema monetario, según hemos de ver.

III.

Además de la clases de los deudores, está, como hemos significado, la de los productores de frutos de exportación, y en especial la de los hacendados de caña, *favorecidos* como se hayan por los ya ruinosos precios de los azúcares, por los derechos de exportación, los de trasmisión de bienes, el reparto poco equitativo de la contribución directa, el crédito limitadísimo de que gozan, la escasa protección que del Gobierno reciben etc., etc., *beneficios* todos que tienen esta industria y que por sí solos bastan y sobran tal vez para aniquilarla, sin que haya necesidad de darla el golpe de gracia.

Otro efecto de la reforma que experimentará el país, es el siguiente: El Estado que hoy admite es sus arcas en pago de derechos y contribuciones la moneda mejicana, con solo un 5 por 100 de descuento, al adoptarse el patrón de oro, solo la admitirá por su valor comercial: esto es, al 20 ó mas por ciento de descuento, y el presupuesto de 4 millones que hoy soporta la Isla, se convertirá de hecho en uno de 5 millones ó poco menos trasladándose á los contribuyentes el quebranto que hoy sufren los acreedores del Estado, con la circunstancia agravante de que estos acreedores, mientras en el País residan, obtienen una compensación en el bajo precio de las subsistencias, creado por el malestar general, mientras que los contribuyentes, como productores, verán agravadas sus cargas por la baja de los precios de sus productos.

Volver á la moneda de oro, ó su equivalente, es además volver á la escasez metálica, contra la que el País ha clamado tanto. Solo á costa de la depreciación pudimos obtener la abundancia de que hoy nos quejamos, y haciendo cesar aquella, a[papel roto = un] en tiempos normales, volveríamos á la escasez: ¿cuánto más habrá de producirse, pues. esta escasez, en los momentos criti –

cos actuales en que la desconfianza general engendrada por la situación ruinosa de nuestra agricultura, ahuyenta el dinero y el crédito?

Con la escasez de numerario vendrán, pues, recrudecidas por la crisis agrícola, todas sus consecuencias, y entre ellas la mayor tirantez del mercado de préstamos que, lo mismo que todos los demas mercados, tiene que obedecer á las leyes de la oferta y la demanda, aumentándose el tipo del interés, esa rémora constante de toda clase de empresas, que tanto ha dificultado el progreso y adelanto material del País, rémora que en tiempos no muy lejanos era uno de los motivos que nos hacían suspirar por la inverosímil moneda macuquina, ó por otro cuño especial que, no pudiendo ser extraído del País, sirviese para dar vida y facilidad á las transacciones en el interior, ya que los Bancos de emisión no estaban vedados.

Difícil es comprender cómo puede el País rechazar hoy lo que tanto ayer apetecía y lo que parcialmente quiso y quiere concederle el Gobierno de la Nación, al disponer la acuñación de monedas fraccionarias de plata de cuño provincial. Y decimos parcialmente, pues comprendemos que la mente del Sr. Ministro de Ultramar y de la Córtes, no ha sido otra [y así parece corroborarlo la relativa pequeñez de la suma presupuestada como beneficio del canje] que la de facilitar las pequeñas transacciones del comercio al por menor, único para el cual se emplea por lo general la moneda fraccionaria y que, no entrando sino en proporción limitada en las operaciones del tráfico exterior, poco podrá ser el perjuicio que ocasione con su baja ley.

Y tanto más es de extrañar la oposición que á esta medida se hace, cuanto para estos mismos usos del tráfico diario, en todo tiempo, hemos sabido admitir, sin creer que con ello nos perjudicábamos, todo género de monedas, hasta la de emisión particular, de un valor intrínseco ciertamente muy inferior al que pueda adoptar el Gobierno.

Solo es dado explicar en parte estas evidentes contradicciones, atribuyéndolas á una confusión involuntaria de los efectos de las dos crisis que sufrimos, confusión hija sin duda de la precipitación con que suelen redactarse los artículos de periódicos.

Se ven subir los cambios, se ve el decaimiento de la producción, la merma de las importaciones, la contracción del crédito el poco valor de la propiedad rural, la baja, en vez del alza de los precios de los frutos del consumo interior, el estancamiento del comercio y de las pocas industrias existentes, la desconfianza, en fin, la paralización, la miseria y un malestar moral preñado de amenazas de todo género; y sin detenernos á analizar las causas, nos fijamos sencillamente en que la moneda, representación para muchos todavía de la riqueza, ha experimentado una pérdida de valor y decimos, la riqueza pública disminuye, el País se arruina y la causa es la plata mejicana, á que hemos dado un valor que no tiene. Y se hace preciso recordar por la millonésima vez, después de tantos años de propaganda de los economistas, que la riqueza no es dinero, que el dinero no es más que un signo, una medida convencional, cuyas oscilaciones en nada pueden afectar de un modo permanente la riqueza pública; pueden sí, influir en algunos ramos de esa riqueza, en la forma que hemos visto, ya perjudicándoles, pero aun esto, no de una manera permanente y sí sólo mientras tarda en restablecerse el equilibrio perturbado.

Entre nosotros ya se ha producido la perturbación y el equilibrio no puede tardar en restablecerse. ¿Por qué le hemos de perturbar de nuevo en sentido contrario, escogiendo expresamente para ello el peor de los momentos, aquel en que el País sufre por otras causas un trastorno mayor que corroe las mismas entrañas de su vida económica?

Hacia éste es que deben, en nuestro sentir, converger preferentemente nuestras miradas y nuestros esfuerzos. Lo contrario será buscar, como vulgarmente se dice, la calentura en las sábanas, cuando es el cuerpo el enfermo.

Y al llegar á este punto y al darnos cuenta de la causa de la crísis agrícola. solo vemos dos maneras de considerar la resolución del problema que se nos presenta.

O reconociendo la importancia vital para la isla de la industria azucarera, los bajos precios de cuyos frutos origina aquella crisis, nos decidimos con empeño á salvarla de la ruina que sobre ella se cierne; ó considerándonos impotentes para ello, preferimos abandonarla á su suerte, resignándonos á sufrir las consecuencias fatales de su desaparición. O aspirar á la suerte de la Martinica y Guadalupe, protegidas por Francia á la par de los productores europeos; ó resignarse á la de Jamaica, víctima de las ideas libre-cambistas de su Metrópoli.

La importancia de la industria azucarera para este País, creemos que está en la mente de todos; basta fijarse en el número crecido de brazos que emplea ya en el cultivo de la caña, ya en la elaboración del producto, en las múltiples otras industrias que contribuye á sostener y otras que casi exclusivamente de ella dependen, como ganadería, destilerías, licorerías, herrerías, cobrerías, carreterías y otras menores, en el alimento constante que ya directa ya indirectamente presta al comercio exterior é interior, en lo que nó tiene más rival que el café, y más que todo en la influencia moral y civilizadora que en todo el País ejerce, engendrando á su alrededor la actividad y el trabajo, fuentes del bienestar y de la libertad de los pueblos, así como la inercia y la holganza lo son de la miseria y de la esclavitud

Si desapareciese esta industria, de la manera repentina que es de prever, dada la prolongación probable de la presente crisis, que no es más que una lucha á muerte entre la remolacha protegida y nuestra caña desamparada, no siendo posible prepararnos con tiempo para sustituirlas con otra ú otras que llenasen el vacío que aquella dejara, todas estas influencias desaparecían con ella y el País, presa de la bancarrota y perturbado en todo su sér, materialmente y moralmente, retrocedería á una situación de que solo podemos formarnos una idea, contemplando el cuadro que hoy nos ofrecen las antes florecientes Jamaica y Santo Domingo.

Si es éste nuestro ideal, nada hay que hacer, sino seguir el rumbo que llevamos; pero en ese caso, para mejor gozar el espectáculo de un pueblo que se derrumba, traten de ponerse á salvo los que puedan, para que no les alcancen las consecuencias de la catástrofe y todos soportémos con paciencia lo efectos de nuestra imprevisión.

Si no pensamos así, si creemos que es preciso á todo trance salvar el País de tamaño sacudimiento, preciso será acudir en auxilio de la industria azucarera, y para esto lo menos á que pueden aspirar los más directamente interesados y con ellos todos los demás productores, es á que se desista por ahora de solicitar alteraciones de la moneda.

En cuanto á otras medidas, habiendo voluntad, unión y energía, pronto se habrán hallado: esa es nuestra convicción. Si para ello hay que hacer sacrificios, háganse; más vale hacerlos voluntariamente, con fruto y en medida de las necesidades, que forzados y sin tasa, cuando sobrevenga la catástrofe que á todos sin excepción habrá de alcanzar.

Piénsenlo los que deben pensarlo, y si opinan como nosotros, con mejores dotes que las que poseemos, propongan y adopten las resoluciones que más pronta y eficazmente conduzcan á la salvación de aquella industria, y como consecuencia lógica á la salvación del País..

Nada más se nos ocurre añadir.

ACTA

DE LA

JUNTA MAGNA

CELEBRADA

en la Villa de Aibonito por los Delegados de los

Departamentos de Puerto-Rico.

ACTA

PRESIDENTE:

D. Ermelindo Salazar
VOCALES:

D. Julián Blanco
" Enrique Vijande
" Carlos Soler
" Secundino Melón
" Polux Padilla
" Modesto Bird
" Honorato Blondet
" Eugenio Verges
" Eugenio Mc Cormick
" Francisco Parra
" Carlos Armstrong
" Juan Serrallés
" Felix Saurí
" Olimpio Otero
" Pedro Salazar (hijo)
" Lucas Amadeo
" Alfredo Casals
" Osvaldo Abril
" Gonzalo Firpo
" Francisco Esteves
" José J. Domínguez
" Felipe Cuebas
" Joaquín Servera
" Bonocio Tió Segarra
" Sabas Pinillos
" Salvador Suau
" Rafael Borrás
SECRETARIOS:

D José R. Abad
" Arturo Bravo.

EN LA VILLA DE AIBONITO, Y en los dias veinte y nueve y treinta del mes de Agosto del año de mil ochocientos ochenta y seis, se reunieron los Sres. que al margen se expresan, delegados por diferentes Departamentos de la Isla, para constituir la Junta extraordinaria convocada por los Sres. D. Ermelindo Salazar y D. José Peña Chavarri, Presidentes respectivamente de las Sociedades Unión Mercantil é Industrial de Ponce y Círculo Mercantil de San Juan de Pto-Rico, al objeto de proponer y discutir las medidas que convenga someter al Gobierno Supremo de la Nación, para buscar una solución satisfactoria á los árduos é importantes problemas que, en los presentes momentos, afectan los intereses generales del País, se constituyeron en Asamblea permanente, bajo la presidencia de D. Ermelindo Salazar, elegido por unanimidad para este cargo y auxiliado por los Secretarios D. José Ramón Abad y D. Arturo Bravo, elegidos por mayoría de votos para formar la mesa. Después de tomar sitio en ella el Sr. D. José Pastor y Magán, Delegado del Excelentísimo

Señor Gobernador General, propuso el Sr. Presidente que se dirigiera un telegrama á la expresada Autoridad Superior de la Provincia, para saludarle y poner en su conocimiento que quedaba constituida la Asamblea, é inaugurados los trabajos en que se había de ocupar. Esta proposición fue aceptada por unanimidad.

El Sr. Presidente manifestó, que tenía grandes esperanzas de que el Gobierno Supremo accederá gustosamente á conceder cuanto sea posible de lo que solicite el País, por conducto de esta Asamblea, pues eran evidentemente conocidos los buenos propósitos que animan al Sr. Ministro de Ultramar, para reformar con grandes economías el presupuesto aprobado, y en armonía con la autorización concedida por las Córtes.

El Sr. Amadeo propuso que se le telegrafiara desde luego dándole las gracias, felicitándoles y rogándole cooperase á traducir en hechos las medidas que se le propongan; lo que fue aprobado unánimemente con una enmienda que hizo el Secretario Sr. Abad, para que ese telegrama se expidiera después que terminaran los trabajos de la Asamblea.

A propuesta del Sr. Presidente se acordó dirigir un saludo telegráfico al Sr. Peña Chavarri, que habia excusado su falta de asistencia y fue uno de los promovedores de la Junta.

Los Sres. Vijande y Melón, Delegados de la Capital, declararon que, por la ausencia de algunos de sus compañeros de comisión, no se consideraban con autoridad bastante para tomar parte en los debates de la Asamblea y manifestaron que renunciaban ante la Junta las facultades que habían recibido. Se acordó que no debían admitirse dichas renuncias y que esos Sres. quedaban en libertad de proceder como lo estimaran conveniente. resultando que, aunque presentes en la discusión, se abstuvieron de tomar parte en ella y así mismo en las votaciones.

Sucesivamente se leyeron por los Sres. Secretarios los Informes y las peticiones de las Comisiones de Mayagüez, Aguadilla, Ponce, Arecibo y un extracto de la exposición dirigida al Sr. Ministro de Ultramar por gran número de contribuyentes del Distrito Judicial de Guayama.

El Sr. Rosich pidió la venia de la Presidencia para leer un escrito que habia recibido de Ponce, en cuyo trabajo se hacían muchas y atinadas observaciones acerca de las causas y de los efectos de la doble crisis que el País viene atravesando. Terminada la lectura, que fue escuchada con mucho gusto, se invitó al Sr. Rosich á revelar el nombre del autor de aquel Informe, y dijo que, aunque no estaba autorizado para hacerlo, atendiendo á los deseos unánimes de la Asamblea, y estimando el buen efecto que había producido la lectura de aquellas prudentes y razonadas consideraciones, no tenía inconveniente en declarar que el autor del expresado trabajo era Don Juan Germán Prats, de Ponce.

La Comisión de Mayagüez dijo, que aceptaba en el fondo los conceptos expuestos en el escrito que se acababa de leer, al cual se adhería.

Eran las once de la mañana y se levantó la sesión, para proseguir después de un ligero receso de dos horas.

———————————

Abierta de nuevo á la una de la tarde, dio cuenta el Señor Presidente con dos telegramas que había recibido en respuesta á los que la Asamblea acordó dirigir por la mañana al Excelentísimo Sr. Gobernador y al Sr. Peña Chavarri, Presidente del "Círculo Mercantil" de la Capital. La Asamblea oyó con satisfacción los afectuosos conceptos contenidos en ambas comunicaciones telegráficas y acordó que así constara en el acta.

El Sr. Domínguez á nombre de la Comisión de Mayagüez, presentó una moción suscrita por él y sus compañeros de comisión, para pedir á la Asamblea que declarase reconocer como causa principal de la crisis que agobia á la Provincia, el abatimiento en que se encuentra la Agricultura, y en consecuencia, que declarase de urgente y preferente atención para ser discutidas, todas las proposiciones que se presentaran tendentes á mejorar esa situación y á salvar al País del angustioso estado en que se encuentra. Consultada la Asamblea, ésta aceptó por unanimidad la expresada proposición, quedando, por lo tanto hechas las declaraciones en ella solicitadas.

Leyóse una proposición para que, como medida principal, se eleve al Sr. Ministro de Ultramar, y en su caso á las Córtes, una instancia razonada en la que se exponga la imperiosa necesidad que actualmente existe de rebajar los capítulos de gastos del Presupuestos general de la Provincia. Sostuvo la proposición el Sr. Tió Segarra, manifestando, que no siendo más cara en esta Isla que en las capitales de la Península, las atenciones de la vida, podían muy bien reducirse los sueldos de los empleados civiles y militares á una cifra exactamente igual á los que gozan en la Península, con un sobre sueldo de un cincuenta por ciento.

El Sr. Blanco manifestó que el presupuesto hecho para la Provincia, en la época comprendida del año de 1870 hasta 1874, y que fue elaborado bajo la dirección del Excmo. Sr. D. Segismundo Moret, entonces Ministro de Ultramar y hoy de Estado; la suma total de los gastos generales no pasaba de $1.991,577, cantidad que podrá soportar el País, aún agregándole las partidas necesarias para atender al pago anual de la amortización é intereses de la deuda creada para la abolición de la esclavitud y las otras que las atenciones del fomento de las obras públicas hacen necesarias.

Los señores Rosich, Dominguez, Casals, Amadeo, Abad, Soler, Padilla y Salazar terciaron en el debate y puesta á votación se acordó aprobar la enmienda que resulta de la proposición del Sr. Blanco, resolviéndose que se proponga tomar como base para los presupuestos generales de la Isla, el de la época del Sr. Moret, que rigió desde 1870 á 1874, reduciendo los sueldos en la forma indicada para que solo excedan en un 50 p 00 á los que, por iguales ó equivalentes empleos, se disfrutan en las Provincias Peninsulares y en las Baleares y Canarias, agregando á aquel presupuesto, en el capítulo de egresos las partidas necesarias para atender á los gastos de fomento y á la amortización de la deuda actual.

El Sr. Otero, presentó un voto particular concebido en los siguientes términos: "Que formula su voto particular en contra, no porque no desee la rebaja de los presupuestos en todo lo posible, sino porque careciendo en aquel instante de datos que le prueben que el citado presupuesto Moret llena todos los servicios que son necesarios, y no creyendo que los presupuestos no sean aceptados por su importancia metálica relativa, sino por su mala distribución, porque las economías en fomento é instrucción son contraproducentes, no acepta en este caso más que la analogía respecto á la cantidad".

Se dió cuenta de un proyecto de Banco Hipotecario ideado por el Dr. Dominguez, bajo la base de un empréstito negociado en el extranjero, por la suma de quince millones de pesos. La apoyó su autor, y después de un extenso debate en que tomaron parte varios concurrentes, fue desechado el proyecto por mayoría de votos.

Seguidamente el Sr. Dominguez propuso que declarara la Asamblea si, en principio, reconocia ó nó la necesidad de crear un Banco agrícola hipotecario. Por unanimidad declaró la Asamblea que sí reconocía esa necesidad.

Presentó el Sr. Amadeo una moción para que se proponga negociar un empréstito de ocho á diez millones de pesos oro, con objeto de extinguir la deuda pública en la parte procedente de la extinción de la esclavitud, y para invertir el sobrante en activar la construcción de las vías de comunicación y en auxiliar a la Agricultura. Dijo que pudiéndose disponer, en ese caso, de los $700,000 consignados actualmente en presupuesto para la amortización de la deuda, y agregando á esa suma las que se destinan á la construcción de nuevas carreteras, facilmente, por medio de algunas economías, se alcanzaría á una cifra anual de un millón de pesos, cantidad necesaria para extinguir el capital é intereses de la nueva deuda que se creara, en un corto número de años. La proposición fue aprobada en votación nominal por quince delegados que dijeron *sí*, en contra de once que dijeron *nó*. Siendo las seis de la tarde se levantó la sesión, para reanudarla á las ocho de la noche.

Prosiguiéndose los trabajos á las ocho y media de la noche, se dio lectura de una proposición de la Comisión de Ponce para que se declare urgente el proyecto de establecer desde luego el cabotaje entre Puerto-Rico, la Península y la Isla de Cuba. Así se declaró, acordándose por unanimidad que se solicite del Gobierno Supremo el planteamiento del Cabotaje, cuanto más antes sea posible, para satisfacer así las justas aspiraciones del Comercio y las exigentes necesidades de la Agricultura privada aún de sus mercados naturales.

Seguidamente el Sr. Salazar (D. Ermelindo] propuso que, como complemento del precedente acuerdo se solicite la supresión ó, por lo menos, la reducción de un cincuenta por ciento en los derechos transitorios que los azúcares y cafés de las Antillas pagan al ser importados en la Península. Fue aprobada la proposición.

Pasóse á discutir una moción de los mismos delegados de Ponce, solicitando modificaciones en las Ordenanzas de Aduanas, y después de un ligero debate, aceptadas dos enmiendas que se presentaron, fue aprobada en los términos siguientes:

"Solicitamos que se reformen las Ordenanzas de Aduanas, bajo los siguientes principios:

1º. Que no contengan pena sino para los delitos y faltas bien probadas.

2º. Que se supriman las formalidades inútiles que en ellas superabundan y se sustituya el espíritu de desconfianza por el de la buena fe que ha caracterizado siempre al Comercio de esta Provincia.

3º. Que no se dé participación á los empleados en las multas, disminuyendo ésta y ajustándolas á los casos de estricta justicia.

4º. Que se tenga presente el Informe elevado por la Sociedad "Unión Mercantil é Industrial" de Ponce, en 10 de Octubre de 1881, al Sr. Ministro de Ultramar".

Se dio cuenta de otro proyecto de la misma Comisión para que se inste la celebración de tratados de comercio, y en particular con los Estados-Unidos del Norte y con la Confederación Colonial de Canadá, cuyos paises, por la proximidad á las Antillas, por la diferencia de clima, que no permite originar una competencia de productos agrícolas, y por la densidad de su población, que los hace grandes consumidores, son los mercados que más nos conviene asegurar para dar salida á nuestros frutos. Fue aprobado por unanimidad.

Sin discusión fue aprobada una proposición de los mismos delegados de Ponce para, que se pida sean suprimidos los derechos reales por trasmisión de bienes, por que ellos dificultan la contratación y la constitución definitiva y legal de la propiedad.

Se acordó igualmente que, en el papel sellado se solicite una rebaja de 50 p 00 en todo aquel cuyo valor excede de cincuenta centavos de peso.

Se aprobó la instancia de la misma Comisión de Ponce, para que solicite del Sr. Ministro de Ultramar se hagan desaparecer los inconvenientes legales para la creación de Bancos de Emisión y Descuento, aceptándose una enmienda por la cual resulta modificada la instancia en el sentido de que el Sr. Ministro de Ultramar levante, por un decreto, la suspensión que el Código de Comercio vigente establece, por el artículo 179, respecto á la facultad de emisión de billetes interín subsista el privilegio de que disfruta el Banco Español de la Isla de Cuba, toda vez que ese Banco no tiene ni ha tenido jamás ninguna sucursal en esta Provincia, ni practica con ella operaciones de ninguna especie. Y que sancione igualmente, por otro Decreto, en virtud de la autorización que se le concede en la Ley de presupuestos, la extensión del plazo de las obligaciones á 180 días como tiene solicitado la Unión Mercantil é Industrial de Ponce.

Discutióse y fue aprobada otra instancia de la misma Comisión para que se solicite la condonación de las deudas atrasadas que se reclaman á los Ayuntamientos de la Isla por resultado de la contribución no realizada y adeudada al Estado hasta el año de 1885 inclusive.

Acordóse pedir que se efectúe con toda urgencia, la liquidación de las anticipadas hechas por el Tesoro de la Provincia á las cajas de Cuba y de la Península y que las cantidades que, por ese concepto, se recauden, se destinen como base á la creación de un Establecimiento de crédito agrícola.

Leyóse la petición de los comisionados de Ponce tendente á que se declaren libre de derechos interiores, durante tres años, á toda nueva industria que se establezca en el país; que, por igual motivo ó sea la necesidad de ayudar á la creación de industrias, devuelvan los derechos pagados por las materias primas, que en ellas se hayan empleado, cuando los productos manufacturados se exporten al extranjero. Ambas proposiciones fueron aprobadas por unanimidad.

El Sr. Bird propuso solicitar que se declarasen libre de derechos de importación las duelas, tapas y arcos que se emplean en la construcción de bocoyes para azúcar, miel y ron, puesto que son reexportados. Lo que igualmente fue aprobado por unanimidad.

Leyóse una moción de los mismos delegados solicitando que se haga extensivo á Puerto-Rico el Real Decreto de 9 de Abril de 1886, sobre Cámaras de Comercio por si se creyese conveniente establecerla aquí, y fué aprobado.

Se dió cuenta de una proposición de los delegados de Aguadilla, para que se proponga la reorganización del Cuerpo de Orden Público, dejando á los Municipios que lo establezcan en la forma que mejor les convenga. Para que puedan hacerlo, manifestó el Sr. Dominguez, que es necesario se les concedan mayores atribuciones y facultades que las que actualmente tienen. La proposición fue aceptada con la expresada enmienda.

-62-

Leyóse otra moción de los mismos delegados, reclamando que se solicite la reforma de la Ley que sirve de regla para el repartimiento de la contribución territorial, solicitando que se verifique el reparto de los cupos asignados á cada localidad con mayor equidad.

Presentó el Sr. Blanco una enmienda á esta proposición á fin de que el repartimiento se haga por la Diputación Provincial, como se practica en la Península y en armonía con lo que dispone el Reglamento para el repartimiento y cobranza de la contribución territorial.

Manifestó el Sr. Rosich, que siendo muy avanzada la hora de la noche y muy importante el asunto, objeto del debate, rogaba se suspendiera la sesión para proseguirla al siguiente día. De conformidad con los concurrentes el Sr. Presidente levantó la sesión á las once de la noche.

Al siguiente día 30 de Agosto, á las ocho y media de la mañana, se continuó la discusión acerca de las reformas que convengan proponer en el sistema de tributación directa.

Leyóse la proposición formulada por los delegados de Ponce pidiendo que sea modificado el procedimiento empleado para el repartimiento de la contribución territorial sustituyendo la forma actual por otra más en armonía con los principios de equidad y justicia proclamados por la Ley fundamental. Presentó el señor Blanco una enmienda que fue aceptada y la proposición quedó aprobada en los siguientes términos:

1º. que se reformen las reglas para la imposición de la contribución directa, en términos tales, que sea una verdad el precepto legal de que las cargas públicas se repartan en proporción igual á todas las riquezas, y siempre sobre los productos ó utilidades líquidas que éstas tengan; que para lograr este resultado se modifique la forma empleada actualmente para buscar los valores líquidos de la riqueza agrícola en todos los casos, hasta llegar al amillaramiento y al catastro como forma definitiva para alcanzar el planteamiento de un sistema racional de tributación.

-2º. Que se reasuman en una sola las riquezas agrícola y pecuaria, puesto que el ganado no es mas que el producto de las estancias de pastos como lo son el café, el azúcar y los demás frutos de las fincas que los producen.

-3º. Que en atención al estado de abatimiento y ruina en que se encuentran las Haciendas de caña, las cuales, como consecuencia del bajo precio que ha tenido el azúcar en estos últimos tres años no alcanzan á cubrir sus gastos de producción, mucho menos desde que una protección directa ofrecida á los azúcares extranjeros por las primas de exportación con que algunas naciones benefician extraordinaria y artificialmente esta industria, se exima, por ahora, á nuestras fábricas de azúcar y á la agricultura de cañas de toda tributación directa, y que esta concesión se conserve hasta tanto que desaparezcan las causas, sobradamente justificadas que obligan á pedirla.

Los Sres. Amadeo y Otero explicaron su veto favorable en absoluto á los dos primeros apartados de la proposición, y condicionalmente respecto al último apartado, pues sólo lo aceptan en el caso de que la baja producida en las rentas públicas por esa concesión especial pueda cubrirse con economías en el presupuesto y no venga á gravar las otras riquezas tributarias de la Provincia.

El Sr. Cuebas insistió en que se hacía indispensable acudir á los remedios más heroicos si se quería conservar en la Isla el cultivo de la caña, hasta que se resuelva definitivamente el desenlace que ha de tener la lucha que existe entre ésta y la remolacha, pues si dejan caer las plantaciones que á costa de grandes sacrificios aún conservamos de esta gramínea, luego será tarde para poderlas levantar y sancionaríamos la ruina efectiva del país, que en gran parte depende de ese cultivo y de las industrias que le sirven de complemento. Manifestó cual era el estado actual de las Haciendas en general y muy particularmente en el 4º. Departamento, en el cual el mayor número de las que antes existían se hallan abandonadas ó en ruina progresiva.

La Junta, convencida de la verdad de los hechos denunciados, ratificó por unanimidad los acuerdos tomados en sentido de favorecer especialmente este importante ramo de nuestra producción y acogió favorablemente la proposición presentada por las comisiones de Ponce, Mayaguez y Aguadilla, como complemento de la anterior, para que se pida la supresión absoluta de los derechos de exportación impuestos transitoriamente á los productos de la agricultura y que se han conservado con carácter permanente, y que se supriman igualmente los derechos de cargas que sobre los mismos frutos pesan al ser exportados. La Asamblea reconoció que ambas formas de tributación son anti-económicas, porque afectan directamente á la agricultura, gravándola excepcionalmente lo que no se hace con las otras riquezas

El Sr. Casals leyó un escrito en el cual se exponían los malos efectos que está produciendo el reciente Decreto del Sr. Ministro de Ultramar, para que el cobro de las contribuciones se efectúen sin consideraciones de ninguna especie, dando lugar á que se multipliquen los embargos, porque, justamente estos procedimientos se están cumpliendo en la época del año en que faltan todos los productos y se hacen muy difíciles los medios de allegar recursos, aun para aquellos que abundan en los mejores deseos de solventar los créditos que la Hacienda tiene contra ellos.

Después de un debate, en el que tomaron parte varios señores, y aceptada por el Sr. Casals una enmienda del Sr. Otero, se consultó á la Asamblea para que ésta declarase urgente suplicar á las Autoridades correspondientes se sirvan suspender, por ahora, los rigores de las cobranzas que se efectúan con apremios. El Sr. Presidente invitó á la Asamblea á rechazar, por su forma, el escrito á que dio lectura el Sr. Casals, y así se acordó, declarando, á la vez, urgente la petición, por lo que se acordó dirigir por telégrafo la súplica al Excmo. Sr. Intendente de Hacienda á fin de que detenga, si es posible, los procedimientos indicados, hasta que el Excmo. Sr. Ministro de Ultramar resuelva las peticiones de la Asamblea.

Presentóse una proposición pidiendo sea reformada la organización municipal de los pueblos de la Isla, en los siguientes conceptos:

1º. Que se eliminen de los Presupuestos de gastos, todos los servicios que no sean realmente municipales á cuyo efecto se concedan á las Corporaciones municipales más extensas facultades que las que actualmente disfrutan. 2º. Que se aconseje la reducción del número de Ayuntamientos que existen en la Isla, agrupando en una sola municipalidad varios de los pueblos actualmente constituidos, entre los cuales no pocos carecen de medios y recursos suficientes para constituir Ayuntamientos capaces de soportar con holgura las cargas que les son propias.

La precedente proposición fue aprobada por unanimidad.

El Sr. Tió Segarra, de la Comisión de Mayaguez, propuso que se solicite sea modificado el sistema vigente sobre honorarios de los registradores de la propiedad, bajo la base de reemplazar los emolumentos eventuales que hoy perciben por [su]eldos fijos. Combatieron esta proposición los Sres. Blanco y

Soler; manifestando que los abusos que cometen algunos funcionarios encargados del registro, no quedan evitados con el cambio propuesto por el Sr. Tió en la forma de percibir sus honorarios, y que, además, esa reforma no se ajusta á la Ley general del Estado. Puesta á votación fue desechada por mayoría absoluta de votos.

Propuso el Sr. Blanco que se suplique al Sr. Ministro de Ultramar se lleve á cabo cuanto antes el precepto contenido en la Ley actual de Presupuestos, así como en las anteriores para efectuar la desamortización civil y eclesiástica, destinando sus productos, no sólo á cubrir la partida del presupuesto á que están destinados, sino á cubrir el déficit que en el mismo resulte por consecuencia de las rebajas que se efectúen en los capítulos de ingresos. Esta proposición fué aprobada por unanimidad.

Se discutió otra moción del Sr. Blanco, para que las máquinas destinadas á las Haciendas, y los carbones, añadió el Sr. Mac Cormick, que, como aquéllas, están liberados de derechos de introducción, y las duelas, tapas y arcos para bocoyes, en el caso de que obtengan igual franquicia según se solicita en acuerdo ya tomado por la Asamblea, puedan ser descargados en los puntos de la costa, próximos á los lugares en que han de emplearse, aunque en ellos no haya puertos habilitados. Todo con el objeto de evitar los crecidos gastos, improductivos para el Fisco, que se irrogan á los interesados, cuando esos artefactos, de gran peso y volumen, se descargan en puertos que quedan muy distantes de los sitios en que han de emplearse, y de los cuales los alejan, aún más, la falta de viabilidad de nuestros caminos que, en general, están por construir. Esta proposición fue aceptada también por unanimidad.

Propúsose por los Sres. Amadeo y Blanco, que se solicite del Gobierno de S.M. [Q.D.G.] sean allanadas á la mayor brevedad posible todas las dificultades que se oponen al inmediato planteamiento de ferro-carriles en la Isla, lo que fue acordado de conformidad.

El Sr. Padilla hizo una moción para que se gestione sean modificadas las tarifas de practicaje de puertos por resultar las actuales altamente onerosas al comercio y la navegación. EL Sr. Bravo presentó una enmienda para que además de las rebajas solicitadas en las tarifas, se eliminen especialmente las sesta parte de los derechos que por su concepto perciben los Capitanes de puerto, además de los sueldos de que gozan: Se acordó la proposición con la enmienda del Sr. Bravo.

Propuso el Sr. Padilla que se pida el cumplimiento por parte de los Administradores de Aduanas y Capitanes de puerto de la Provincia, de las Reales Ordenes vigentes concediendo franquicias á los vapores que hacen viajes periódicos, equiparándolos á los vapores correos españoles de la Compañía trasatlántica, y que se cumpla también esta prescripción con los vapores costaneros, los cuales, tienen, como aquéllos, igual derecho á todas las facilidades concedidas por Superior disposición.

Siendo las once de la mañana suspendióse la sesión para reanudarla á las dos de la tarde con el importante debate acerca de la cuestión monetaria.

A la una y media de la tarde se prosiguió la sesión, dándose principio con la lectura de los informes relativos al asunto de la moneda circulante y de la conveniencia ó perjuicio que resultan de cangearla por moneda nacional de oro y plata ó de plata únicamente. Estos informes procedían de las Comisiones de Mayaguez, de otro recibido del comercio y hacendados de Arecibo, Aguadilla, Ponce y del extracto de la Exposición de contribuyentes del distrito de Guayama.

Pusiéronse á discusión las opiniones consignadas en el informe de los comisionados de Mayaguez, reducidos á pedir que no se proponga el canje de la plata mejicana circulante por ninguna otra moneda, porque el estado lastimoso de la agricultura y en particular la de la producción azucarera, que es evidente se realiza actualmente con pérdida, no podría soportar la baja instantánea de los precios locales, que sería la consecuencia inmediata de la baja de los cambios producidos, en mayor ó menor escala, por el canje de la moneda por otra de mayor valor.

Apoyaron estas opiniones los Sres. Dominguez y Cuebas y las combatieron con energía los Sres Padilla y Amadeo. Este último adujo argumentos en demostración del peligro que corren los pueblos que abandonan las razones fundamentales, por las cuales las grandes naciones financieras han adoptado el patrón de oro como base de sus valores circulantes. Manifestó que el mantenerse en la circulación como único signo representativo de los valores, una moneda depreciada por su abundancia y un metal cuya baja progresiva no es posible prever hasta donde ha de llegar, era correr sin rumbo á la ruina general del país y al anonadamiento de todas sus riquezas. Aconsejó adoptar, como lo propone la Comisión de Ponce, el doble patrón monetario de oro y plata, haciéndose el canje de la moneda circulante bajo la base, de que entre una fuerte proporción de oro, como se ha pedido en los informes elevados por la "Sociedad Unión Mercantil de Ponce" en 1883, y últimamente en Agosto del año actual.

Los Sres. Cuebas y Dominguez defendieron las opiniones de la Comisión de Mayaguez, insistiendo en que las condiciones onerosas para los agricultores, con que actualmente se mantiene la producción azucarera en la Isla, hace absolutamente imposible soportar la baja de los precios que había de producirse, sobre todo si se hacía el canje por una cantidad fuerte de oro; añadió que ante las emerjencias de futuros peligros para la riqueza general y la seguridad de la ruina efectiva é inminente de la cuantiosa producción azucarera, estaban firmemente por lo primero y aconsejaban á la Asamblea que así lo acordase. El Sr. Cuebas concretó esas opiniones con una proposición para que la Asamblea declarase que no consideraba los momentos presentes oportunos para efectuar el canje de la actual moneda de plata mejicana circulante, por otra nacional, y que declarase igualmente que cuando desaparezcan las causas que hace inoportuno el momento presente para realizar el canje, éste se efectúe como lo solicitan las Comisiones de Ponce, Aguadilla y la Capital, por moneda nacional de oro y plata.

Declarado este concepto suficientemente discutido se puso á votación la proposición de los Sres. Dominguez y Cuebas y habiéndose pedido que fuera nominal, asi se acordó. Trece Delegados, que lo fueron los Sres. Bird, Mc Cormick, Verges, Rosich, Suau, Serrallés, Dominguez, Pinillos, Cuebas, Bravo, Servera, Tió Segarra y el Sr. Presidente Salazar, dijeron que *sí*, y los Sres. Padilla, Soler, Blanco, Borrás, Blondet, Firpo, Esteves, Abril, Otero, Amadeo, Casals y Abad, dijeron que *nó*.

Resultó, pues, acordado, que se declaraba inoportuno el momento presente para efectuar el canje y ocioso, por consiguiente, todo otro debate sobre la materia.

Los Sres. Amadeo y Abad, hicieron consignar un voto particular en oposición al acuerdo tomado, á cuyo voto se adhirieron los Sres. Padilla, Blondet, Firpo, Otero, Esteves y Abril.

El Sr. Blanco explicó su voto en contra manifestando que

no apoyaba la proposición del *statu-quo*, porque no se fijaba término para el sostenimiento del mismo.

Dióse por terminado este asunto y el Sr. Amadeo manifestó que consideraba conveniente suplicar al Excmo. Sr. Ministro de Ultramar, se sirva fijar definitivamente el ancho oficial de las vías férreas de Puerto-Rico y al mismo tiempo que se digne activar el remate de aquéllas para las cuales hay empresas dispuestas á construirlas ó á hacer los estudios, en cuyo caso se encuentra la línea que de Río-Piedras ha de comunicar con Humacao. Fué aprobada esta proposición.

Dióse cuenta del Dictamen de la Comisión de Ponce para que se constituya en Puerto Rico una Liga de Contribuyentes á semejanza de las que existen en la Península, ingresando en ella las Sociedades de Agricultura y de Comercio ya organizadas. Fue aceptado el proyecto por unanimidad y se designó á la comision de Ponce para que realice los trabajos preparatorios á la constitución definitiva de la Liga.

Propúsose nombrar una Comisión para que redacte un plan general de ingresos y gastos de la Provincia, fundado en los recursos positivos y con las necesidades esenciales de la misma, en cuyo trabajo se tenga en cuenta el estado de relativo atraso en que se halla el fomento del País, y la urgencia de activar una red de comunicaciones, lo mismo que la de crear Instituciones de enseñanza agrícola y de experimentaciones para las prácticas de los cultivos y de las transformaciones industriales de sus productos. Se acordó de conformidad y se designaron á los Sres. Blanco, Padilla, Soler y Melón para hacer ese trabajo ajustado á los acuerdos tomados en la presente Asamblea y tan pronto como se hayan terminado se remitirán á los Diputados y Senadores de Puerto-Rico á fin de que los tengan en cuenta al discutirse los Presupuestos generales de Puerto-Rico en los Cuerpos Colegisladores.

El Sr. Bravo hizo una moción para que los presentes acuerdos se lleven á Madrid por una Comisión que gestione activamente las resoluciones consiguientes. Fue acordado de conformidad por mayoría de votos siempre que, en plazo breve, se encuentren personas idóneas que se presten á cumplir ese encargo y sin perjuicio de remitir copia de la presente acta al Excelentísimo Sr. Gobernador General, con súplica de que la trasmita al Superior destino del Excmo. Sr. Ministro de Ultramar.

También se acordó comisionar al Sr. Bravo para que pro

cure reunir los recursos necesarios á fin de cumplir el acuerdo precedente en la parte que se contrae á la traslación de comisionados á Madrid. Dicho Sr. Bravo aceptó el encargo y solicitó del Sr. Amadeo que le auxiliara en ese trabajo, aceptando gustoso este Señor.

Acordóse imprimir en un volumen los acuerdos de la Asamblea, con los informes de las distintas comisiones y acogido con entusiasmo el pensamiento ofreció el Sr. Tió, hacer en su establecimiento tipográfico, sin remuneración alguna, los trabajos de impresión, cuya generosa oferta fue aceptada, tributándose al Sr. Tió un caluroso voto de gracias.

El Sr. Blanco propuso que se diera al Presidente Sr. Salazar un voto de gracias por sus patrióticos esfuerzos, coronados por el brillante éxito demostrado con el acto de la reunión de esta Asamblea. El Sr. Amadeo dijo que apoyaba de todo corazón aquel voto de gracias, que él hubiera propuesto si el Señor Blanco no se le hubiese anticipado. Felicitó de nuevo al Señor Salazar por el acto de verdadero patriotismo que habia realizado levantando el espíritu público con la concentración de los elementos vitales que encierra el país, porque cambiando las ideas, integrando la verdadera acepción de los conceptos y razonando la aplicación de los medios de que se dispone, es como se llega á desarrollar las riquezas de todo género que existen latentes lo mismo en el orden moral que en el material de los pueblos. Exhortó á todos los hombres de importancia que allí se hallaban reunidos y á cuantos más tiene la Provincia, para que tomando ejemplo del Sr. Salazar se ocupen con ardor de todos los problemas, de cuya buena ó mala solución depende el bienestar del País y la felicidad de nuestros hijos. El Sr. Amadeo fue calurosamente aplaudido y pronunciado por aclamación el voto de gracias al Presidente de la Asamblea D. Ermelindo Salazar.

También se dio un voto de gracias á los miembros de las Comisiones de Ponce y Mayagüez Sres. Abad y Bravo, por sus ímprobos trabajos en sus cargos de Secretarios de la Asamblea, y otro al Excmo. Sr. Gobernador D. Luis Dabán, por la cooperación que se ha servido prestar y por su representación delegada en la Asamblea en la ilustrada persona del Sr. D. José Pastor y Magán, Secretario del Gobierno General de la Provincia.

Cerróse la sesión y diéronse por terminados los trabajos de

la Asamblea dirigiéndose al Excmo. Sr. Ministro de Ultramar el siguiente telegrama:

"Delegados riquezas contributivas reunidos Aibonito, felicitan V.E. por sus buenas disposiciones favor país sometido horrible crisis, ruegan cooperación V.E. para traducir hechos medidas proponen por conducto Gobernador."

Firmados: -*Ermelindo Salazar*, PRESIDENTE.-Delegados de Aguadilla: *J.O. Abril.-Gonzalo Firpo.-Francisco Esteves.*-Delegados de Mayagüez y su Departamento: *José de J. Domínguez.-Salvador Suau.-Jaquín Servera.-Sabas Pinillos.-B. Tió Segarra.-Arturo Bravo.-F.Cuebas.*-Delegados de Guayama y su Departamento: *H. Blondet.-E.M. Verges.-J.C: Mc. Cormick.-Modesto Bird.*-Delegado de Fajardo: *Rafael Borrás.*-Delegados de San Juan de Pto.-Rico: *Pólux J. Padilla*, Representante del "Círculo Mercantil".-*Carlos Soler*, de la "Sociedad Anónima del Crédito Mercantil".-*Julián E. Blanco.*-Delegados de Ponce: *E. Salazar.-J .R. Abad. –Alfredo B. Casals.-Juan Serrallés.-Miguel Rosich.-Lucas Amadeo.-Olimpio Otero.- Carlos Armstrong.-Felix Sauri.-P. Salazar, hijo.-Francisco Parra.*

Los infrascritos Secretarios certificamos que la presente es copia de los acuerdos tomados en Asamblea de contribuyentes delegados de los Departamentos de la Isla, constituida en esta Villa, los días 29 y 30 del mes de Agosto próximo pasado.

Aibonito 1º. de Setiembre de 1886.

J. R. ABAD.- ARTURO BRAVO.

Vº. Bº.

E. SALAZAR.

Presidente.

EXPOSICION

AL EXCMO. SEÑOR

MINISTRO DE ULTRAMAR

ACOMPAÑANDO EL ACTA

DE LA ASAMBLEA DE AIBONITO

———————

EXPOSICION.

EXCMO. SOR. MINISTRO DE ULTRAMAR:

Don Ermelindo Salazar, ex-diputado á Córtes, Presidente electo de la Asamblea de contribuyentes de esta Isla, constituida en esta Villa los días 29 y 30 de Agosto próximo pasado, por Delegados nombrados por los Departamentos, ante V. E. con el mayor respeto expone:

Que la situación aflictiva que viene atravesando este país desde tres años há, por efecto de la depreciación del azúcar, principal producto de este suelo, ha influído poderosamente en el decaimiento del comercio, la agricultura y las industrias que de aquel producto se originan y del mismo viven, ocasionando natural alarma en todas las clases sociales, que ven comprometido el porvenir de este pedazo de la Nación Española si a tiempo, con energía en la aplicación de los medios, y con tino en la elección de los que convenga emplear, no se transforman los organismos productores de la Provincia para salvar ese porvenir que se presenta oscuro y pavoroso, y no se armonizan los elementos de la actual producción con las exigencias de un buen sistema administrativo y de un gobierno á fin de que el presente no se vea preñado de dificultades invencibles y amenazado por emergencias que á su vez se conviertan en origen de mayores perturbaciones.

Confiados, Exmo. Sr., en los laudables propósitos manifestados por V. E. para acudir en auxilio de esta Provincia, próxima á la ruina si no se la atiende en las perentorias necesidades que los tiempos han traído y que se imponen á esta sociedad de igual manera que á los elementos constitutivos de su riqueza, han concurrido presurosos á esta Villa á invitación del que suscribe y del Sr. Don José Peña Chavarri, Presidente del Círculo Mercantil de San Juan de Puerto-Rico, cierto número de hombres de los más connotados de los Departamentos de la Provincia, para cambiar sus impresiones y proponer al Gobierno de S. M. (q.D.g.) los medios que han creído conducentes á mejorar la situación del país, preparándose prudentemente á esperar los resultados que el porvenir reserve á la lucha entablada entre la producción de la remolacha y la de la caña, sin renunciar á la justa defensa de los medios de existencia que esta sociedad ha hallado en el cultivo de esta planta y en las industrias que de la misma se derivan.

A tan respetables intereses, como que en los momentos actuales de ellos depende la existencia de la mayoría de los habitantes de la Isla, no es posible negar una justa y racional defensa, y á ese objeto primordial obedecen los acuerdos tomados en la Reunión de Aibonito, los que por mandato de ella tengo el honor de elevar á las Superiores manos de V. E. por conducto del Excmo. Sr. Gobernador General de la Provincia.

Los expresados acuerdos, detalladamente contenidos en la copia adjunta del acta original y á continuación extractados, representan la opinión de las clases contribuyentes de toda la Isla, respecto á las medidas que conviene adoptar para que la lucha en esa contienda del progreso y de los intereses nacionales sea posible en el caso concreto que á la competencia de las dos plantas sacarinas se relaciona. Las ventajas obtenidas por la producción de azúcar de remolacha no vienen todas de la producción artificial, y á largo plazo insostenible, que procede de las primas; se originan mejor y más especialmente, en cuanto á lo que á nosotros se contrae, de las trabas que entorpecen nuestro desenvolvimiento mercantil por las leyes fiscales que rigen en nuestros puertos, y que solo sirven para ahuyentar á la navegación de buena fe y privarnos de los mercados naturales de nuestros frutos; de las dificultades con que lucha la agricultura local por falta de medios para sostenerse y de enseñanzas para modificarse, y á la desproporción y falta de armonía entre nuestras fuerzas contributivas y los elementos consumidores de la

Isla, aumentados éstos en los últimos años, justamente cuando aquellos decrecían.

Tienden, pues, esos acuerdos á solicitar como de urgente y necesaria aplicación la reducción de los Presupuestos generales de la Isla, hasta llegar un justo nivel en los ingresos ordinarios y extraordinarios, sin esforzar los recursos en términos que los capitales que los crean resulten comprometidos é imposibilitados para recuperar las posiciones que hemos perdido como pueblo productor.

A desenvolver el movimiento mercantil, hoy embrionario y entorpecido porque carece de las expansiones del crédito propio y de los impulsos de la facilidad y economías en la locomoción interior.

A despejar el horizonte que encierra á nuestra agricultura en un círculo de hierro en el cual su propia riqueza histórica la ahoga, permitiéndole realizar la evolución que los adelantos de los tiempos traen imperiosamente, pero que no pueden ser intentados en las oscuridades que la envuelven.

Y como es la agricultura, en escasas manifestaciones fuente única de nuestra vitalidad y ella ha sido herida en su arteria más poderosa, importa que se aprontan remedios heróicos, directos, inmediatos, que se apliquen á la herida abierta para asegurar la existencia, que se escapa, de la industria azucarera, dándole aliento, para sostener la lucha á que es llevada por la competencia universal. Y no es dable pedirle que se mantenga en la brecha si á la vez no se le alivia de las cargas que la privan de movimiento y de acción. Otras naciones dan fuertes primas á esta industria ya favorecida con elementos aportados por una civilización avanzada y una riqueza poderosa; la nuestra sólo pide para continuar en el palenque del trabajo que no se la trate con peores condiciones que á las demás riquezas, que sus tributos sean los mismos y no superiores á las otras, como ha venido sucediendo desde que se recargaron los productos de la agricultura con los derechos de exportación, que sobre ella directamente han pesado, y por añadidura se dictó una regla para encontrar sus productos líquidos imponibles que á mas de considerarla injusta es falsa á todas luces. Baste saber que antes de abolida la esclavitud se calculaba un cincuenta por ciento de gastos de cultivo para hallar el producto líquido de las fincas azucareras, y después de abolida, cuando evidentemente los gastos han debido ser mayores, solo se estiman en un treinta y cinco por ciento, para comprender cuan poco acertado ha sido el criterio reformador en que se han inspirado los que han confeccionado nuestros presupuestos y dictado las reglas á que habían de sujetarse, y sea dicho todo esto, Excmo. Sr., con el mayor respeto, y sólo como una justificación de los fundamentos que dan origen á las súplicas por conducto del que suscribe elevadas á V.E.

He aquí ahora extractadas, para mayor precisión las reformas solicitadas por la Asamblea de Contribuyentes, y que someto á la ilustrada consideración de V.E. rogándole examinar en la copia del acta adjunta las razones de justicia que á aquéllas apoyan.

Iº. Rebaja de los presupuestos generales de esta Provincia.

2º. Realización de un empréstito de ocho á diez millones de pesos, para extinguir el saldo de la deuda de la esclavitud y dedicar el resto á construcción de vías de comunicación y auxiliar á la agricultura.

3º. Declaración de cabotaje entre Puerto-Rico y la Península y Cuba.

4º. Supresión ó reducción á la mitad de los derechos transitorios que en la Península pagan los azúcares y café de las Antillas para estimular su consumo.

5º. Reforma de las ordenanzas de Aduanas de Pto-Rico.

6º. Celebración de Tratados comerciales especialmente con los Estados-Unidos y el Canadá.

7º. Supresión de los Derechos Reales por trasmisión de bienes.

8º. Rebaja del cincuenta por ciento en precios de papel sellado de más de cincuenta centavos de peso.

9º. Legalización por Reales Decretos de la autorización contenida en la Ley de Presupuestos actual para libertar de emitir billetes al portador por Bancos de emisión y descuento y ampliación hasta 180 días del plazo para las operaciones.

10. Condonación de deudas por contribuciones á favor del Estado hasta 30 de Junio de 1886.

11. Liquidación de las anticipaciones hechas por el Tesoro de Puerto-Rico á las cajas de Cuba y la Península, dedicando las cantidades que se recauden á la fundación de un Banco Agrícola.

12. Liberación de contribuciones interiores por tres años á toda nueva industria que se establezca y devolución de dere-

chos de Aduana sobre materias primas, cuando los productos sean exportados para el extranjero.

13. Libertad de derechos arancelarios sobre duelas, tapas y arcos para bocoyes de azúcar, miel y ron.

14. Aplicación á Pto-Rico del Real Decreto de 9 de Abril de 1886 sobre creación de Cámaras de Comercio.

15. Reorganización del Cuerpo de Orden Público.

16. Reformas de las reglas para la imposición de la contribución directa.

17. Unificación de las riquezas pecuarias y pastos para que devenguen una sola contribución.

18. Supresión de contribución directa á las Haciendas de caña mientras imperen las causas de su actual postración.

19. Supresión de derechos de exportación y de carga sobre frutos del país.

20. Eliminación de los presupuestos municipales de todos los servicios que realmente no les sean propios.

21. Reducción del número de Ayuntamientos, agrupándose á otros pueblos los que no tengan vida propia.

22. Desamortización de bienes civiles y eclesiásticos, destinando los productos á extinguir la deuda antigua y á cubrir el déficit que arrojan los presupuestos por virtud de las rebajas y supresiones que se solicitan.

23. Que se permitan descargar maquinaria, carbón y efectos libres de derechos como aquellos, en parajes próximos al punto en que deban emplearse, aunque no sean puertos habilitados.

24. Allanamiento de dificultades para concesiones de ferro-carriles en Puerto-Rico y fijación definitiva del ancho oficial de esas vías.

25. Rebaja de la tarifa de practicaje de puertos y especialmente de la sexta parte que perciben los Capitanes de puerto además de sus sueldos.

26. Que se haga cumplir lo dispuesto sobre franquicias á vapores que hagan viajes periódicos, haciéndolas extensivas á los vapores costaneros.

27. Se declaró inoportuno el momento para proponer el canje de la plata mejicana circulante, por no poder resistir la agricultura de azúcar, la baja inmediata de los precios como consecuencia precisa de la baja en los cambios sobre el exterior.

28. Constitución de una Liga de contribuyentes de Puerto-Rico á semejanza de las que existen en la Península.

29. Redacción de un plan de ingresos y gastos en relación con sus verdaderos productos y esenciales necesidades.

30. Suplicar al Exmo. Sr. Ministro de Ultramar modifique sus instrucciones el Excmo. Sr. Intendente de Hacienda de esta Isla, en sentido de que suspenda los procedimientos rigurosos de apremio contra deudores al Estado, ínterin se recogen los frutos de la nueva cosecha.

Réstame, pues, Excmo. Sr.

Suplicar á V. E. se digne prestar su valiosa cooperación á la obra de la regeneración moral y material de este pueblo, presa hoy del más profundo y justificado desaliento, pero que sólo necesita de algunas concesiones aconsejadas por legítimas consideraciones, para no desmayar en la senda del progreso y seguir prestando su modesto contingente á la causa de la patria y de los intereses materiales de nuestra amada nacionalidad. V. E. y el Gobierno de S. M. (q.D.g.) en su mayor ilustración sabrán distinguir y conceder, si no todas, aquellas reformas y concesiones solicitadas que más útil y directamente han de satisfacer las aspiraciones de las obreros del trabajo que, en Puerto-Rico no quieren quedar rezagados en la marcha progresiva de la gran Nación Española.

Otro sí.

Habiendo suplicado por telégrafo al Excmo. Sr. Intendente de Hacienda de esta Isla la suspensión de los procedimientos rigurosos de apremio contra contribuyentes, según acuerdo de la Asamblea, se ha servido contestar negativamente. excusándose con las superiores disposiciones vigentes.

En tal virtud, y siendo incalculables los perjuicios que sufren aquéllos por la dificultad de allegar recursos en esta época del año, en que las cosechas están terminadas,

Suplico de nuevo á V. E. muy encarecidamente se dignó modificar sus instrucciones á aquel funcionario en el sentido de mayor tolerancia mientras llega la época de la recolección y venta de los frutos de la nueva cosecha.

Aibonito, Isla de Pto-Rico, 2 de Setiembre de 1886.

Excmo. Sr.

E. Salazar

ESTUDIOS ECONÓMICOS.

EL CANJE

DE LA

MONEDA DE PLATA MEJICANA

EN

PUERTO-RICO,

POR

JOSE JULIAN ACOSTA Y CALVO,

INDIVÍDUO CORRESPONDIENTE DE LA REAL ACADEMIA
DE LA HISTORIA, DEL "LICEO HIDALGO"
DE MÉJICO Y EX-DIPUTADO Á CÓRTES

PUERTO-RICO

Establecimiento tipográfico de MELTZ.
Calle de la Fortaleza núm. 21.

1887.

Sr. Don José Peña y Chavarri.

Muy Sr. mio y distinguido amigo:

Sírvase U. aceptar este modesto trabajo, que juzgo conforme con las ideas que mantuvo U. cuando tan dignamente presidía el Círculo Mercantil de esta Ciudad, como débil muestra de la profunda estimación que le profesa su affmo. y reconocido amigo S. S.

Q. S. M. B.
José J. Acosta.

Puerto-Rico, Setiembre 25 de 1887.

I.

En 1810, á consecuencia de la insurrección de Méjico, dejó de venir á Puerto-Rico el *situado*, casi el único y exclusivo ingreso con que contaban las Cajas reales. Agotadas las reservas, donativos y préstamos particulares hubo de recurrirse, en 1812, á poner en circulación 500,000 pesos en papel moneda, que no tardó en depreciarse en grande escala. Expediente desesperado que acabó de ahuyentar el escaso numerario, de plata y cobre, que circulaba.

Tenía en 1812 la Isla, 183,014 habitantes y su movimiento mercantil era de 269,008 pesos.

Timbre glorioso de la fecunda administración del sabio Don Alejandro Ramirez será siempre haber *amortizado* el papel, en 1816, á su salida para la Superintendencia de la Habana.

En la carencia absoluta de numerario, autorizó en 1813 aquel ilustre hacendista, con su diferencia de valor respecto de la de cordoncillo, la circulación de la macuquina, antígua moneda *recortada* de la España ultramarina, que habían traido como resto de su perdida fortuna los emigrados de la convulsa Venezuela. Por sus condiciones propias, andando el tiempo, se prestó á todas las artes de la mala fé y el contrabando, hasta convertirse en una calamidad insular. Por fin se aplicó remedio á tantos males: en 1857 se recogió y cangeó por la de cuño nacional, mediante el descuento de 12 y medio por ciento. Pusiéronse en circulación

1.565,466 pesos 40 centavos en moneda española, y se enviaron á la Península 1.761,149 pesos 70 centavos de macuquina, que refundidos y acuñados, produjeron 1.240,938 pesos 79 centavos.

Era la población en 1857 de unas 580,000 almas, y el movimiento mercantil de 12.428,355 pesos.

Efecto de los malos aranceles de Aduanas, que entorpecían entónces las relaciones mercantiles de la Metrópoli y Puerto-Rico no existía, ni podía existir reciprocidad alguna entre las importaciones de la Península é islas adyacentes, anualmente de dos á tres millones de pesos, y las exportaciones de la Isla para los mismos puntos, que solo eran de trescientos á cuatrocientos mil pesos al año. Había necesariamente que saldar los cargamentos peninsulares importados, con metálico y en consecuencia desapareció de la circulación toda la moneda española recibida en 1857.

Aplicable es aquí esta justa observación del distinguido publicista Don Luis María Pastor al estudiar las crísis económicas. "La extracción de la moneda en casos semejantes, es sumamente perjudicial, no porque ella constituya como el vulgo cree, la verdadera riqueza sino porque, siriviendo de capital flotante para la industria y el comercio, su aplicación en cantidad desproporcionada á otro objeto, produce necesariamente la paralización repentina de aquellos ramos á que de pronto se la arrebata."

Privado Puerto-Rico, por un error económico que no por las corrientes naturales y expontáneas del tráfico entre territorios de una misma pátria, de los beneficios que se prometía de la unificación monetaria, lazo estrechísimo de la nacionalidad, cuando no habían pasado diez años, hubo que recurrir contra todas las conveniencias políticas y sociales á la circulación oficial de las monedas extranjeras. En 1867 se admiten las Norte-americanas y francesas, de oro y plata, mediante una tarifa en que se asignan al dollar de plata y al Napoleón 19 reales de vellon, de moneda española. Y en 22 de Febrero de 1879 la plata mejicana, por igual valor, ó sea, 19 reales de vellón el peso.

No pasó mucho tiempo sin que empezaran á sentirse los inconvenientes y perjuicios que aparejaba la última autorización; y naturalmente nació y cada vez fue tomando mayor incremento, como en otra época respecto de la macuquina, el deseo del canje de la plata mejicana en circulación por las monedas del cuño español. Intérpretes del mismo pensamiento se mostraron los Círculos Mercantiles de la Capital y Ponce, la Diputación Provincial y Sociedad Anónima de Crédito Mercantil en sus razonadas solicitudes al Gobierno Supremo.

Aumentó la pública espectación al introducirse por las Aduanas, gruesas sumas de pesos mejicanos, con objeto de comprar giros para el exterior. El Gobernador Don Luis Dabán, autorizado por el Ministro de Ultramar, publicó en la *Gaceta* su Circular, á 18 de Noviembre de 1885, prohibiendo para lo sucesivo la introducción en la Isla de la moneda mejicana. Unica medida oficial que hasta ahora se ha llevado á la práctica.

Después, se celebra en Aibonito, en los dias 29 y 30 de Agosto de 1886, bajo la presidencia del Sr. Don Ermelindo Salazar, una gran reunión de notables para tomar acuerdos acerca de las cuestiones económicas y administrativas que mas interesaba á las Isla resolver.

Era en aquellos días memorables en que con miras patrióticas se ejercitaba el precioso derecho de reunión, la población de unos 800,000 habitantes: el movimiento mercantil de 21.410,087 pesos, correspondiendo á la importación, 11.116,543 y á la exportación, 10,293,544: el presupuesto general de los gastos del Estado, 3.898,612 pesos 47 centavos: el de los Provinciales 329,899 pesos 19 centavos y el de los 71 Municipios alrededor de 2.146,316 pesos.

Mas discutida la cuestión monetaria, cuya importancia reconocen todos, aparece sin embargo profundamente dividida la Junta de Aibonito, como que votaron por el canje 12 de sus miembros, y por el *statu quo* 13 de los mismos ¡Extraño y sensible desacuerdo!

Sucesos posteriores hacen creer que la opinión de agricultores y comerciante, continúa dividida.

En este estado, parece conveniente exponer con calma e imparcialidad los hechos y las razones que, en nuestro humilde sentir, solicitan y demandan de consuno que no se aplaze por mas tiempo, según nuestra tradicional costumbre, la resolución definitiva. Para ello se tomarán en cuenta en este estudio, como se verá, los cambios profundos que en los últimos años han sufrido en los grandes mercados financieros, las relaciones que entre sí guardaban los dos metales preciosos, el oro y la plata, así como las alteraciones llevadas á cabo en los sistemas monetarios de algunas poderosas naciones comerciales, y los gravísimos conflictos económicos que se anuncian con imponente interés, para un porvenir no lejano, con relación á estos trascendentales problemas, de que dependen no solo la prosperidad de los pueblos, sino la subsistencia y el bienestar de las familias.

II.

Generalmente se sabe, que la moneda es la mercancía que sirve para medir el valor de las demás cosas permutables ó cambiable, ó en otros términos, la unidad de valor permutable.

Que para su fabricación, fijando el peso y *ley* ó grado de fino, se han adoptado los metales preciosos por su inmutabilidad relativa.

Que las relaciones determinadas de unas con otras, y sus múltiplos y divisores, constituyen para una misma nación los sistemas monetarios.

Que existen según las diferentes naciones, sistemas

que aceptan los *dos* tipos fundamentales, el oro y la plata; mientras que otras solo reconocen *uno*, el oro.

Estriba el último no en que la plata deje de servir de moneda; sino en la *limitación* de su poder, ó sea, que el Estado determina el máximun en que puede emplearse en las compras y pagos. En tanto, el oro alcanza un poder monetario ilimitado, se emplea en toda clase de sumas. Así el metal blanco en las transacciones viene á ser al amarillo, lo que la moneda de cobre al primero, un auxiliar, un divisor.

Consultemos con brevedad la práctica de ambos sistemas en diferentes pueblos.

En 1816 estableció Inglaterra el principio de la unidad monetaria, escojiendo por único tipo, el oro. Asi es que hoy circulan solo en aquella riquísima nación, para las pequeñas y ordinarias necesidades de la vida, unos 150 millones de pesos en plata.

En 1873 hizo lo mismo por motivos políticos y económicos, a fin de estrechar los intereses y consolidar la unión, el Imperio alemán. Bajo la enérgica iniciativa del gran Canciller, después de recojidas y fundidas en barras las monedas de plata, se las acuñó en gran parte nuevamente en París y Brusela, donde se compraron letras sobre Lóndres, negociadas allí en oro. Resultando, que solo circulan en el Imperio 110 millones de pesos, en plata, mas unos 100 millones en los Thalers antíguos.

Siguieron el ejemplo los Estados Escandinavos.

Por el contrario, Francia, Italia, Bélgica, Suiza y otras naciones aceptan los dos tipos, el oro y la plata. Las cuatro primeras, en Diciembre de 1865 llevadas de ideas generosas pero utópicas, se obligaron por el término de 15 años, a la unificación de sus sistemas, fabricando monedas absolutamente idénticas, á fin de facilitar su circulación recíproca. Mas tarde se adhirió la Grecia. Y es la *Unión latina*.

Por fortuna, negóse España á entrar en esta célebre

convención, cuyos inconvenientes y peligros señaló desde 1867, el distinguido economista, D. Vicente Vazquez Queipo.

En 1878, convino la Unión latina en la no acuñación de nuevas piezas de plata, de 5 francos.

Y después de varias notabilísimas conferencias entres sus representantes se fijaron las bases para la liquidación definitiva, ó sea, la recogida de monedas, que debe tener lugar en 1º. de Enero de 1891, próximamente dentro de dos años y medio, si es que no se anticipa.

¿Qué poderosos motivos han llevado á las partes contratantes a tomar estas resoluciones radicales y decisivas? En asunto tan complicado y vasto, expongamos con brevedad solo los siguientes.

En primer término el grandísimo aumento en la producción de la plata en varios paises, y de manera especial en los de América, con sus nuevos Potosí, según lo demuestra el estado que va á continuación:

PRODUCCIÓN ANUAL DE LA PLATA

EN NÚMEROS REDONDOS, POR TONELADAS DE 1000 KLMS

	E.-Unidos	Mejico	América del Sud	Alemania	Otros paises
Antes de 1870. Año medio	237	497	210	79	197
1876-80. Medio	565	602	375	143	285
Año 1882	1.126	704	389	215	200
Id. 1884	1.174	711	556	297	178

Incremento en la producción, que aumentando la oferta, alteró necesariamente la antígua relación legal del valor de la plata respecto al oro, que como se sabe, era ántes de 1873 de 1 á 15 ½. Es decir que una onza de oro valía 15 ½ de plata, ó en otros términos, que se necesitaban 15 ½ onzas de este metal para constituir el equivalente del valor de una onza de oro.

Analizados los datos anteriores por M. Cochut en los competentes estudios que acaba de publicar sobre "La cuestión monetaria en 1886," de donde los hemos tomado, resulta que se han verificado las siguientes depreciaciones, en el mercado regulador de Lóndres, en la antígua relación de 1 á 15 ½, llamémosla así, y las pérdidas que se verán.

Partiendo del año 1876, descendió la relación á ser de 1 á 18, que determina la pérdida de un 16 por 100.

En 1882 fue de 1 á 22, á que corresponde el quebranto de 29 por 100.

Despues, si bien ha habido algunas oscilaciones se ha mantenido la baja.

Puesto que la plata mejicana es la que circula en Puerto-Rico, registremos estos datos.

Miéntras que hasta 1876 se acuñaban anualmente, en Méjico, cerca de 20 millones de pesos; en 1884 escedieron de 33, y son hoy probablemente 35 millones.

Piezas que se venden al peso, conforme á la cotización de la mercancía-plata en Lóndres, es decir con una pérdida de 28 á 30 por ciento.

Iguales quebrantos se sufren en Chile y demás comarcas de Hispano-América, productoras del metal blanco. Para resarcirse de los mismos se han visto obligados los mineros á forzar la producción, á fin de que la cantidad compense la calidad. De manera que puede aplicarse á esta comprometida industria, la conocida observación gráfica: es un puente sobre el abismo; pero cuanto mas dura el puente, mas se ahonda el abismo.

Tal situación deja sentir sus tristes efectos en las relaciones con el exterior y en la vida propia. Así en Chile, en los últimos años, la prima de los cambios ha oscilado entre 25 y 35 por 100; y para evitar dentro de la República, dada la depreciación de la moneda, el alza de los precios, no solo se ha reservado el Gobierno la acuñación, sino que ha emitido 20 millones de pesos en papel-moneda, de curso forzoso y no convertible, pero garantido con un depósito de barras de plata estimadas á la cotización del mercado.

Aun ha ido mas allá aquel pueblo, que si bien pequeño tanto honra á nuestra raza por sus condiciones de gobierno: descofiando de su principal fuente de riqueza, la minería, promueve el desarrollo de la agricultura y las industrias rurales. Cuéntase ya cuatro grandes fábricas de azúcar y ha enviado sus vinos al mismo Burdeos. Y Méjico bajo la egida de la dulce paz, sigue tan fecundo ejemplo.

Aunque en mucha menor escala que la grande y continuada producción argentífera en América, otro de los motivos que han determinado el acuerdo de la Unión latina, de proceder en 1º. de Enero de 1891 á su liquidación, es el fundado temor de los males con que amenaza á las partes contratantes la fabricación clandestina de las monedas de plata.

Porque dada la gran diferencia á que se cotizan el oro y la plata, es un poderoso incentivo para fabricar monedas de esta, con el mismo peso y ley de las acuñadas por los respectivos gobiernos, la seguridad de obtener un gran lucro, aunque inmoral.

Y hé aquí, sea dicho de paso, una de las varias razones, que recomiendan la Circular del Gobernador Don Luis Dabán, prohibiendo en la Isla la introducción de la plata Mejicana.

Otro de los motivos que, para la Unión latina, han hecho necesaria su próxima liquidación, son las trascendentales medidas que se anuncian, en los Estados-Unidos de América.

Y como en aquel gran pueblo está el nudo, la solución de la cuestión monetaria para todo el mundo comercial, la tratarémos en capítulo aparte, con la detención que nos permita la índole concisa de este estudio, tomando por base y autoridad la luminosa Monografía, publicada en 1886 por Mr. A. Moireau, "La cuestión de la plata en los Estados-Unidos."

III.

En 1792 el Congreso de los Estados-Unidos fijó la relación entre el oro y la plata, de 1 á 15; y en 1837, depreciada ligeramente la plata, estableció la de 1 á 15.99.

Modificáronse, en consecuencia, en 1837 el peso y la ley de las monedas. El peso del dollar, de plata, se fijó en 412 ½ granos, y su ley á 900 milésimas de fino en vez de 892.4 reconociéndole la cualidad de moneda legal, para todos los pagos.

En 1873, por orden del Congreso, se suspendió la acuñación de los dollars, retirando en 1874 la cualidad de moneda legal á los muy pocos que existían en circulación. Legalizábanse los hechos: prácticamente todas las transacciones se hacían sobre la base del oro.

Necesarios son estos antecedentes, para mayor claridad de lo que ha de seguir; porque el dollar de 412 ½ granos ha sido y es el disputado campo de batalla, entre los ardientes defensores del metal blanco y los del amarillo.

Y como los unos y los otros han continuado la gran campaña que hubo entre los que sostenían la vuelta al pago de la deuda nacional en especies, y los que con no menos ardor demandaban la extensión indefinida de la circulación del papel, habrá que exponer también otros luminosos antecedentes.

Tráigase á la memoria la grave situación financiera creada por la gigantesca guerra civil de los cuatro años: la deuda pública que en 1860 no pasaba de 65 millones, llegó en 1866, á la ingente suma de 2,8000 millones de dollars.

Punto de honor y de consecuencia era para las Estadistas del Norte que, bajo la hábil dirección de Mr. Chase, Secretario del Tesoro, habían empleado con fé el crédito de manera heroica mediante atrevidas combinaciones, auxiliados por el gran organismo de los bancos, el que felizmente terminada la guerra, se amortizase en breve tiempo con lealtad y de acuerdo con la fé pública, todo el inmenso papel emitido, pagándolo en oro.

Y esta, por motivos no tan puros que en semejantes asuntos tienen siempre cabida la especulación y el agiotaje, era la opinión general en los ricos estados del Este y las grandes ciudades del Atlántico, Boston, New-York y Filadelfia.

Por el contrario, en los agrícolas del Oeste, Centro y Sud de aquel vasto territorio, habíase formado, desde 1867, una opinión opuesta, cuya impetuosa corriente adquirió cada días mas fuerza, llegando hasta negar la necesidad de satisfacer la deuda, y sosteniendo la alta conveniencia, para el mayor fomento de la Nación, del papel-moneda.

Si del terreno económico pasamos al político, como es indispensable, se encuentra que la primera opinión era la del partido republicano, que al abolir la esclavitud, causa del conflicto tradicional, había salvado la unidad de la pátria comun con sus enérgicas medidas bélicas y financieras, y que estaba en el poder; y la opuesta la de los demócratas, alejados del mismo hacía tiempo, después de haber ejercido por muchos años su omnipotencia.

Aunque las elecciones de 1874 favorecieron, con intensa y general sorpresa, á los demócratas; en Enero de 1875 la mayoría republicana, fiel á su programa votó un Bill, fijando, para el 1º. de Enero de 1879, la fecha de la vuelta á los pagos en especies.

Continuó la escisión con vivo ardor, poderosamente auxiliados los demócratas por los representantes de los ricos Estados mineros del Pacífico y Oeste.

Por fin, en 1878, y aquí empieza la situación mas notable y trascendental, después de porfiados debates en la ardiente arena del Congreso y de las enmiendas restrictivas del Senado, poder moderador de aquella democracia, á la libre acuñación de la plata, se votó el célebre Bill, presentado desde 1876, por Mr. Ricardo Bland, representante del Missouri. (Silver Bland Bill).

Afirmaba, que el dollar de plata, de 412 ½ granos, sería moneda legal por su valor nominal, en el pago de las deudas públicas y privadas, salvo el caso de estipulaciones en contrario expresamente declaradas en el contrato; pero su acuñación no sería *ni libre, ni ilimitada.*

Si se imponía al Gobierno federal la obligación de comprar mensualmente de 2 á 4 millones de pesos, en barras de plata, y su acuñación inmediata.

Aunque el Presidente, Mr. Hayes, opuso su *veto*, llenas las formalidades que la sabia Constitución prescribe en estos casos, el 28 de Febrero de 1878 se confirmó el Bill, cuyo mantenimiento ó abrogación interesa *no solo á la América, sino á todo el mundo comercial.*

Pero el éxito no ha correspondido á todos los deseos de sus parciales. Fuera de las barras de metal blanco que el Gobierno, en estricta obediencia al poder legislativo, ha adquirido y acuñado anualmente, la depreciación continuó en el mercado de Lóndres, y la *Union latina* de Europa ha suspendido la acuñación.

Pero aun hay más: habiéndose negado el mismo pueblo de los Estados á admitir los nuevos dollars, casi todos ellos descansan en las cuevas construidas al efecto por el Tesoro. Miéntras el Bill subsista, irá aumentándose este depósito anualmente en 24 millones, y fácil es comprender que tal situación no puede prolongarse indefinidamente.

Por eso ha continuado la lucha entre los sostenedores del Bill de Mr. Bland y los que piden su abrogación.

Profunda, extraordinaria agitación reinó en las polémicas de la prensa y en los meetings durante el trascurso de 1885. Al terminar dicho año, el Presidente Cleveland, el elegido de los demócratas, aconsejaba en su Mensaje, lo mismo, que sus últimos predecesores, los republicanos, Hayes, Garfield y Arthur, la retirada del Bill.

4

"Cierto es, decía Mr. Cleveland, que no son necesarias á los cambios, las fabricaciones ordenadas por la ley de 1878. Así es que de los 215.759,131 dollars acuñados, únicamente 50 millones han entrado en la circulación, y mas de 165 permanecen en poder del Gobierno, que ha debido gastar sumas considerables en la construcción de las cavas donde se guardan."

Ningún fruto dieron en 1886 las mociones presentadas en el Congreso. Y en la expectativa de nuevos acontecimientos, se ha calmado mucho la agitación y se vive en una especie de trégua.

Mas todo hace esperar que tendrá término dentro de breve tiempo; y que ante una situación tan insostenible, dado el aumento constante en la producción argentífera, el célebre Bill será al fin retirado. Cuando esto sea un hecho, todo el metal en barras que el Gobierno compra anualmente, á los propietarios de las minas del extremo Oeste, irá á ofrecerse en venta en el mercado de Lóndres, y determinará más la baja de una mercancía ya tan depreciada.

Entre tanto, sea la que fuere la resolución definitiva en los Estados-Unidos, termine ó no el conflicto por uno de esos *compromisos* á que tan dados son con su gran sentido práctico en sus luchas políticas los Norte-americanos; Europa y principalmente las naciones comprometidas en la Unión latina, que aceptan los dos tipos monetarios, no pueden menos que estar atentas con la mirada fija en el porvenir, y temerosas de la profunda perturbación que, en todas las esferas de la vida social, ha de producir la mayor afluencia de la plata americana. Y así es, permítasenos la observación, como en la animada escena de la Historia, se reproducen los mismos hechos, se completa el ciclo de los acontecimientos.

IV.

Nos parece haber cumplido el único y especial objeto de este modesto trabajo: poner de manifiesto que los cambios profundos que en los últimos años han sufrido, en los grandes mercados financieros, las relaciones legales que entre sí guardaban el oro y la plata; que las alteraciones llevadas á cabo en los sistemas monetarios de algunas de las mas poderosas naciones comerciales; que la gravísima perturbación, verdadera crísis que se teme en Europa, para un porvenir no lejano, como consecuencia de la abrogación de la Ley que rige en los Estados-Unidos de América, respecto de sus dollars de plata; en resúmen que todo este conjunto de grandes hechos económicos íntimamente relacionados entre sí por la solidaridad que alcanzan los intereses mercantiles en el mundo entero, recomienda y demanda que se aplaze por mas tiempo el canje en proyecto de la plata mejicana, por las monedas del cuño español.

No hay que temer ahora por fortuna, que desaparezcan estas mas tarde, como sucedió con la que vino al retirar la macuquina. La Ley de relaciones mercantiles, á 20 de Julio de 1882, debida á la iniciativa del entónces Ministro de Ultramar, Don Fernando León y Castillo, y las disposiciones posteriores y concordantes de los Ministros de Ultramar y de Hacienda, promoviendo la reciprocidad de los cambios entre la Isla y la Península, según lo explican y demuestran las estadísticas, alejan tan triste contingencia.

Lo que sí declaráramos lealmente es que: efectuando el canje, continuarémos por más ó menos tiempo sometidos á los inconvenientes anejos, en la actual época, al numerario de plata, que acabamos de dilucidar.

Mas todo el espíritu imparcial no podrá menos que reconocer y admitir, que las desventajas y peligros, por este motivo han de ser incomparablemente mayores para la exígua riqueza del país, si la profunda perturbación monetaria que se teme en los grandes mercados, nos sorprende aislados, pequeños como somos, y con toda nuestra existencia metálica en la depreciada plata mejicana, sin bancos de ninguna especie y sin ferro-carriles.

Por el contrario, la unificación con la Metrópoli, promoviendo mas y mas la solidaridad de los intereses está llamada á servirnos de eficaz ayuda, y nos preparará para recibir en mejores condiciones todas las reformas beneficiosas que allí se lleven á cabo en el sistema monetario.

En una palabra. Lo que interesa es salir de la inacción.

Como decía el ilustre Duque de Broglie en una ocasión solemne: "esperar es prudente á condición de que se espere algo; mas esperar por esperar, por pura indiferencia ó irresolución, faltos de todo buen sentido y de energía para consagrarse á la obra, es el peor de todos los partidos y el mas seguro de todos los peligros.

CUESTION MONETARIA.

TELEGRAMAS, CARTAS Y ARTICULOS

DEL COMERCIO, AGRICULTURA Y LA PRENSA

DE LA ISLA

PROTESTANDO CONTRA LA CIRCULAR
DE

Don Guillermo Mullenhoff.

Mayaguez.
Tipografía Comercial.-Comercio 13, Marina.

1888.

Cuatro palabras.

La Circular expedida por D. Guillermo Mullenhoff, del comercio de la Capital, ha dado lugar á una casi unánime protesta de desaprobación, en toda la Isla, y á no ser porque dicho Sr. es uno de los concesionarios del Banco, que en breve ha de establecerse en la expresada Ciudad, posible es que aquel documento hubiera corrido una suerte distinta, ya que las proposiciones de tal índole en ella contenidas, en vez de beneficiar á la Provincia, aumentarían las dificultades monetarias y los tipos de los cambios.

Pero como las apreciaciones expuestas por el Sr. Mullenhoff han coincidido con ciertos datos suministrados por las correspondencias particulares y con otras noticias propaladas, respecto á la circulación de la moneda mejicana y su cange, se crée ver en el documento que citamos, la intención de sondear la opinión pública, para juzgar el efecto que producirían determinadas combinaciones, y sin que sea nuestro ánimo penetrar en el propósito que pudo impulsar al Sr. Mullenhoff, ni tampoco aceptar las conclusiones de que pensaba lucrarse particularmente, se sospecha, que si hubiere sido acojido favorablemente el proyecto, otros no hubieran dejado de seguir sus huellas, resolviendo, en sentido semejante, la operación de la moneda mejicana y su desaparición del curso legal.

Bajo este punto de vista, el país, sin excitaciones de ningún género, ha manifestado su desaprobación y confía en la rectitud de los hombres que se hallan al frente del Gobierno de la Nación, para que empleen, con la prudencia y acierto que el asunto requiere, las facultades que les fueron otorgadas por el Congreso, para realizar el cange de la moneda.

La humilde opinión de los encargados de recopilar en este folleto los escritos y protestas á que ha dado lugar la famosa circular, continua siendo: de que NO CONSIDERAN OPORTUNO EL CANGE de la moneda mejicana y siguen prestando su concurso al acuerdo tomado, en la Asamblea de Aibonito, sobre el particular.

Sépase, que no ha sido la mayoría del

país la que ha pedido el cange, pues con excepción de la Capital de la Provincia, quizás ninguna de sus otras poblaciones haya hecho manifestaciones ESPONTÁNEAS en tal sentido.

Pero si el cange de la moneda debe realizarse, venga enhorabuena, siempre que se ajuste á lo razonable y no cause perturbaciones con las que producirían las proposiciones del Sr. Mullenhoff, que envuelven una especulación ruinosa para riqueza pública.

CIRCULAR

Atendiendo á las súplicas que de varias partes se me hacen, para hacer pública mi opinión sobre la situación actual de la cuestión monetaria en esta Isla, me permito dirijirme al Comercio en general y demás interesados por medio de esta Circular, dejando á plumas mejor cortadas la discusión del asunto en la Prensa.

Habiendo solicitado sucesivamente el Comercio de toda la Isla al Gobierno Supremo de la Nación:

1º. La admisión de la plata mejicana en las Cajas oficiales á 94 centavos el peso.

2º. La prohibición de la importación de dicha plata.

3º. El establecimiento de un banco de emisión y descuento.

4º. El cange de la moneda,

y habiendo accedido el Gobierno á los deseos del Comercio en todo lo que respecta á los tres primeros puntos, y hecho, con referencia al cuarto, todo cuanto se puede esperar, la situación de la cuestión monetaria, fatal por las consecuencias de las dos primeras resoluciones tomadas, está en camino de mejorarse con la instalación del Banco Español de Puerto-Rico con moneda nacional, proporcionándose de este modo oportunidad para el cange á todos los que lo deseen, sin perjuicio de los demás.

La ilusión que muchos han abrigado de que el Gobierno efectuaría el cange, dándonos un peso español ó á lo menos 95 centavos por cada peso Mejicano, es tiempo ya que sea desechada, porque el Gobierno, según mi opinión, nunca podrá satisfacer esos deseos, y además la Ley de presupuestos votada en Córtes no le autoriza para ello.

El Gobierno, con el Banco Español de Puerto-Rico, surtirán la Isla de moneda Nacional suficiente para las necesidades, y desde luego deber de ella es RECONOCER el verdadero valor del oro y plata nacional, que circulará al lado de los pesos Mejicanos.

Tarde ó temprano habrá que reconocer la verdadera proporción del oro y plata como en los demás países, y adoptar en general DE UNA VEZ el valor del centín por $6-50 y la onza Española $21 Mejicanos, sería, según mi parecer, una pronta y buena solución de la cuestión monetaria; porque así tendríamos los cambios por giros en oro, bastante fijos, evitando de esa manera fluctuaciones desastrosas para el importador sin grandes recursos y para los hacendados ó agricultores, y otras ventajas que reportaría al país con la estabilidad del valor de su moneda corriente.

Por estas mismas razones recomiendo á todo el Comercio, especialmente al de más importancia, tomen interés en el buen desarrollo del futuro Banco Español de Puerto-Rico suscribiéndose como accionistas.

Gmo. Mullenhoff

-8-

Telegrama de Mayaguez.

Pocas horas después de recibida la Circular, se dirigió al Sr. Mullenhoff el siguiente telegrama:

MULLENHOFF, CAPITAL.

Recibida circular, proyecto descabellado.
Protestamos.-*Plaja y Bravo, Kraemer y C^a., Schulze y C^a., J. Tornabells y C^a., Moral Gonzalez y C^a., Victorí y C^a., M. Badrena y C^a., S. Suau y C^a., Francisco Blanes, E.A. Rousset y C^a., Cuyar Prats y C^a., Antonio Gomila, Manuel M. Sojo.*

En la tarde, á eso de las tres se reunieron, la Prensa y el Comercio, en el almacen de los Plaja y Bravo.

Por unanimidad, aprobaron el telegrama que antecede, y allí mismo sancionaron todos la carta que á continuación insertamos en que desaprueban, en absoluto, el plan Mullenhoff.

Es de esperarse que la repulsión con que se ha desechado ese proyecto, haga que lo abandonen completamente sus iniciadores, y que tanto el señor Mullenhoff, como los demás cuyos nombres corren de boca en boca, comprendan que muy raras veces prosperan las especulaciones inequitativas, que no se basan en el interés general, en el mútuo beneficio de cuantos, directa ó indirectamente, han de entrar en ellas.

Mayaguez, 17 de Setiembre de 1888
Sr. D. Guillermo Mullenhoff
Puerto-Rico.

Muy Sr. Nuestro:
    Hemos recibido la circular de V. Fecha 14 del corriente y sentimos que haya V. Sido el instrumento

para lanzar á la faz del país una solución tan descabellada en la cuestión moneda, con la cual distamos mucho de estar conformes, como lo hemos anticipado ya en el telegrama que dirijimos á V. con fecha de hoy.

Una Real Orden de 6 de agosto de 1881 autorizó la libre circulación de la moneda mejicana, haciendo estensiva á la misma, las disposiciones comprendidas en la Real Orden de 22 de Febrero 1879 para la circulación de otros cuños de oro y plata extranjeros: por consiguiente, nosotros, como tambien la inmensa mayoría de estos habitantes, no dudamos, que el Gobierno buscará términos para dar una solución á la operación del canje, que se ajuste á la equidad y á la justicia.

De V. Attos. S.S.-*Schulze y Ca.-Kraemer y Ca.-M.M. Sojo.-Francisco Blanes.-Tornabells y Ca.-Felix Infanzon.-F. Bages.-J. Bouhet et G de la Baume.-Victori y Ca.-Cuyar Prats y Ca.-E.A. Rousset y Ca.-Plaja y Bravo.-S. Suau y Ca. –Fernandez y Ca. C.J. Monagas.-Moral Gonzalez y Ca.-Esmoris Hermanos.*-Por "El Anunciador Comercial" y "El Resúmen" *N. López de Victoria.*-Por "La Unidad Nacional," *Francisco Ortea.*-Por "El Imparcial," *Martín Fernandez.*

ADHESIONES.

MAYAGUEZ.

Los que suscriben comerciantes, agricultores y propietarios en esta localidad, se ha enterado de la circular fecha 14 del corriente, suscrita por Don Guillermo Mullenhoff, como también de la carta dirijida al mismo Sr. el 17 de corriente por varios comerciantes y los periodistas de esta Ciudad y estando en todas sus partes conformes con el último citado escrito, se adhieren á los conceptos emitidos en la referida carta, en contestación al Sr. Mullenhoff.

Mayaguez, 18 de Setiembre de 1888.

Esteban Nadal, por autorización *José Y. Nadal.-Federico Basora.*-Por la Sucesión de Ramón Nadal, *J. Alberto Nadal.-J.D. Barbena y C^a.-Ricardo Rivera-Miguel Quiñones.-Manuel Bengoa.-Martín Mas.-Manuel Aran.-José Sabatér.-Mercader y Co.-Jose Nin.-Santiago Saenz.-Saliva Hermanos.-Tomás Ortiz.-Damián Frontera.-J. Rocafort-S. Sancho.-F. Cancio y Lopez. Hau y Co.-Olivieri Hermanos.-G. Mulet.-J.M. Monsanto.-Antonio Sard-Adolfo Robert.-José Camino.-José A. Cartagena.-Gatell y Co.-José de Jesús Domínguez.-P. Nieva y Co.-A. Danesi.-Blas Nadal.-Agustin Castelló.-G. Hoffschlaeger.-Patxot y Chavarri.*-Por orden, *Ernesto Patxot*.

AÑASCO.

LOS QUE SUSCRIBEN, ENTERADOS DE LA CARTA DIRIGIDA POR EL COMERCIO DE MAYAGUEZ, AL SEÑOR DON GUILLERMO MULLENHOFF, DE PUERTO-RICO, REFERENTE Á SU PROYECTO SOBRE MONEDA, CONTENIDO EN SU CIRCULAR FECHA 14 DEL CORRIENTE MES, SE ADHIEREN EN UN TODO Á LO EXPUESTO POR LOS PRIMEROS EN CONTESTACIÓN Á LA REFERIDA CIRCULAR.

Añasco, 18 de Setiembre de 1888.

J. Bianchi Pagan.-Demetrio Rodriguez.-Antonio Diez.-V. Urrutia-R. Arillaga.-Lucas Lladó.-Antonio Charneco.-Francisco Perez.-Guillermo E. Guzmán.-Por la Sucesión Altieri, *Demetrio Rodriguez.-Jacinto R. Avilés.-Sebastian Benejan.-Francisco Montoya.-Ramón Sancho.-Emilio Goico.-Ramón Irizarry.-Pedro Nogueras.-Antonio Beauchamp.-Jose R. Llamas.-* A ruego de José Matías, *M. Betances.-Francisco Duran.-J.C. Llamas.-Jesús Martínez.-Antonio Capella.-Antonio Altieri.-Agapito Miranda.-Antonio Cruz.-Rafael Marinoni.-Ulises Rosario.-Pedro Vidal.-Eugenio Garnier.-Magin Montoya.-J.R. Rodriguez.-Ernesto Esteves.-Santiago Laviosa.-Justo Goicovich.-Ventura Iñigo.*

CABO-ROJO.

Los que suscriben, enterados de la carta dirigida por el Comercio de Mayaguez, al señor Don Guillermo Mullenhoff, de Puerto-Rico, referente á su proyecto sobre moneda, contenido en su circular fecha 14 del corriente més, se adhieren en un todo á lo expuesto por los primeros, en contestación á la referida circular.

Cabo-Rojo, 18 Setiembre de 1888.

B. Mora y Sucre.-F. Cuebas.-J.A. Fleytas.-José Rodriguez.-Enrique F. Cuebas.-Delfin Ramirez.-Cárlos Ortiz.-Emeterio Ramírez.-Juan B. Boscio (hijo)-Wenceslao Font.-Delfin Soler.-L.E. Muñiz.-Luis Olivieri.-José R. Carbonell.

SABANA-GRANDE

Los que suscriben, enterados de la carta dirigida por el comercio de Mayaguez, al Sr. Don Guillermo Mullenhoff, de Puerto-Rico, referente á su proyecto sobre moneda, contenido en su circular fecha 14 del corriente mes, se adhieren en un todo á lo expuesto por los primeros, en contestación á la referida circular.

Sabana-Grande, 18 Setiembre de 1888.

Damiani Hermanos.-Calixto Carrera.-S. Damiani.-Castillo Hermanos.-Epifanio Peralta.-Luis Busigó Pou.-Pedro Espada.-J.R. Gaztambide.-Miguel Schettini.-Concepción Saavedra, por su autorización, *Manuel M^d. Dávila.*

SAN GERMAN.

Los que suscriben, enterados de la carta dirigida por el comercio de Mayaguez al Sr. Don Gmo. Mullenhoff, de Puerto-Rico, referente á su proyecto sobre moneda, contenido en su circular fecha 14 del corriente mes, nos adherimos en un todo á lo espuesto por los primeros en su contestación á la referida circular.

San Germán, 18 de Setiembre de 1888.

José Nuñez.-Felipe Ramirez Quiñones.-Lucas Pagan.-Juan Vidal.-Tomás Quiñones.-Mariano Ramirez.-J.A. Sanabria.-Servera Herms.-M. Juan.-Hijos de Agrait.-J. Rvary.-Salvador Barea.-Miguel R. Dominguez.-Em. Ramos Anaya.-Ramon Matos.

Telegrama y carta.

AGUADILLA

MULLENHOFF.-CAPITAL:-COMERCIO Y AGRICULTORES DE ESTA LOCALIDAD, PROTESTAN CONTRA PROYECTO CIRCULAR: CONSIDERAN FUNESTO, ASÍ COMO INOPORTUNO CANGE HOY, Y PERJUDICIAL EL BANCO PRIVILEGIADO.

Aguadilla, 18 Setiembre de 1888.

Esteves-S.Amell.-Küchler.-Boscio.-Koppisch.-Silva.-Martínez.-Rafols.-Martínez Granamant.-Jolitrú.-Ferreris.-E.Valle.-Firpo.

Aguadilla, Setiembre 19 de 1888.

Sr. D. Guillermo Mullenhoff.
Puerto-Rico.

Muy señor nuestro:

Los que suscriben, quedamos enterados de su Circular fecha 14 del corriente, á la que anticipadamente contestamos ya con nuestro telegrama fecha de ayer.

En dicha Circular hay que atender á dos cosas:

1ª. Lo que se dice: 2ª. Lo que se calla. Lo que se

dice, escrito está y cualquiera lo entiende: lo que se calla, son los móviles que la determinan, y que el menos lince adivina.

Comprendemos perfectamente que á U. y á los demás concesionarios del Banco español de Puerto-Rico, en la alternativa en que se encuentran de establecer el Banco con moneda nacional, dentro de un período de tiempo determinado, ó perder la concesión y el depósito que hicieran para obtenerla, con las demás complicaciones anejas, hayan buscado, y U. propuesto, una solución que pusiera á salvo sus intereses y su responsabilidad, olvidando los del comercio y agricultura de esta Isla, que al adoptar la solución que U. propone, habrían de sufrir tan rudo quebranto, que con dificultad podrían resistir.

Al ver la general protesta que ha levantado en toda la Isla la sola proposición de lo que U. cree una buena solución para cuestión monetaria, se habrá U. convencido de que es universalmente rechazada. Al futuro Banco podrá convenirle que la moneda española que ha de importar para constituirse se la tomen en sus operaciones al cambio de $6.50 mejicanos el centín y $21 la onza española; más para la Isla representa esta solución una pérdida del 30 p.00 de su capital monetario.

Ni el comercio y agricultura de esta villa, ni en general el de la Provincia, han sido partidarios del cange en las circunstancias actuales. Presente está el acuerdo de la Junta Magna de Aibonito, y como la crisis económica que aflijía en aquella fecha á la Isla en nada ha mejorado, lógico es suponer que si volviera á reunirse una representación de las fuerzas vivas del país, tomarían otra vez el mismo acuerdo.

Respecto á la recomendación que se hace en la circular para la adquisición de acciones del futuro Banco, creemos que poco éxito tendrían, pues nadie ignora que en las condiciones en que se constituye, no llenará las necesidades para que ha sido creado.

Para terminar: ante la sola idea de que pudiera prosperar la solución de su Circular, *protestamos,* entendiendo que la única forma en que puede aceptarse

-14-

el canje de la moneda corriente, es al tipo de 95 centavos españoles el peso de plata mejicana, y que, hoy por hoy, la mejor solución á la cuestión monetaria es el *statu quo*.

De U. attos. SS. SS.-*Silva y Co.-J.R.M. Martínez.-Valle, Koppisch y Co.-Kuckler y Co.-Ernesto Rubio.-José L. Rafols.-Boscio y Co.-A.I. Martínez.-J.F. Esteves.-Federico Esteves.-Ramón E. Martinez Granamant.-Deliz y Toro.-Mitjans Hermanos.-G. Firpo.-Valle Hermanos.-S. Amell.-Manuel Jolitrú.*

Telegramas.

ARECIBO.

MULLENHOFF.-CAPITAL:-ENTERADOS DE SU CIRCULAR 14 DEL CORRIENTE, QUE TRATA DE VARIOS PROYECTOS, ENTRE ELLOS EL DE CANGE Y VALOR DE LA MONEDA MEJICANA, NOS APRESURAMOS Á PROTESTAR CONTRA SEMEJANTE IDEA, POR CONSIDERARLA ALTAMENTE PERJUDICIAL Á LOS INTERESES GENERALES DE LA ISLA.

Arecibo, 19 Setiembre 1888.

G. Ledesma y C^a.-Roses y C^a. –Nones y C^a.

ARROYO.

"ARROYO, 19 SETIEMBRE. -CONTESTADA POR ALAMBRE CIRCULAR MULLENHOFF, NO ACEPTANDO PROPOSICIÓN ENCIERRA. - EMPEORARÍA SITUACIÓN ECONÓMICA.-

Fantauzzi.-Alcaide.-Hartman.-Riefkohl.-Verges

PROTESTAS.

FAJARDO.

Fajardo, Setiembre 19 de 1888.

Sr. Don Guillermo Mullenhoff

Muy Sr. Nuestro:

Los que suscribimos, comerciantes de este pueblo, hemos recibido la circular de V. fecha 14 del corriente, y enterados de ella sentimos manifestarle que no estamos conformes con la solución que Ud. propone respecto á la cuestión monetaria.

Quedamos de Ud. con toda consideración sus atts. S.S.Q.B.S.M.

Firmados

J.. Bird y Ca.-Manuel Baralt.-Sra. Viuda de Veve, pp. Juan Vaamonde López.-Domingo Cerra.-Rosendo Bas.-Díaz Hermanos.-Borrás Hermanos.

HUMACAO.

Los que suscriben, comerciantes y hacendados de esta localidad, protestamos contra el proyecto ú opinión de don Guillermo Mullehoff, manifestada en su Circular del 14 de Setiembre corriente, respecto al valor que deba dársele á la onza y centín de oro español comparado con el mejicano.

Humacao, Setiembre 17 1888.

R.L. Perez-V. Fábregas-Narciso Soler-Rodriguez hermanos y Bertrán-Simonet y Liceaga-Atanasio J. Cuadra- C. Lanza-Daniel M. Alonso-J.A. Cruz y Ca.-Lezcano y Gonzalez-Benigno Gonzalez-José A. Guzman-Gervasio Carrera, en liquidación-Patricio J. Lopez-J. Torres-Juan Cruz-Por Eulogio Vazquez, L. Morales-J. Ramírez-Ramón C. Martín-Vicente Alonso y Ca., en liquidación-Saturnino Hernandez-Por José S. Belaval, Eugenio Belaval-Pedro R. López-José C. Bajanda-José Samalea-Matías Gros-Manuel Toro Quiñones-Fulladosa y Ca.-Antonio Roig-Francisco Rivera Alvarez.

Telegramas.

LARES.

MULLENHOFF.-CAPITAL.-"NO ESTAMOS CONFORMES PROPOSICIONES CIRCULAR SOBRE CUESTIÓN MO-

NETARIA.-*Marquez.-Canals.-Vilella.-Suau.-Vidal.-Lecaroz."*

Lares, 22 Setiembre de 1888.

PONCE.

Ponce, Setiembre 1888.

MULLENHOFF.- CAPITAL.-NO ESTAMOS CONFORMES PROPOSICIONES SU CIRCULAR SOBRE CUESTION MONETARIA.-*Salazar, Saurí, C. Armstrong, Bonnin, T. Armstrong, Vidal, Molina, Battistini, Luchetti, Morales, Lohse, Pellegrini, Toro, Milan, Schuck, Puerte, Porrata Doria, Mayoral, Cortada, Bregaro, Hedilla, Gilet, Collazo.*

ABSURDO.

Ese es el juicio que ha mercido la circular del Sr. Mullenhoff á cuantos la han leído aquí. -O es un absurdo, se han dicho, ó el descabellado proyecto es la guerrilla avanzada de un *job* con que se pretende sorprender y explotar al comercio de toda la Isla.

El calificativo de ilusorias á las esperanzas de que el Gobierno cangee la moneda mejicana por española, carece de fundamento; es una opinión que, sin dato alguno, aventura el Sr. Mullenhoff, y que como todo lo que avanza sin pruebas, no merece crédito. El Gobierno bien puede cangear, á la par, la moneda mejicana por la de plata del cuño nacional, porque la operación le redituaría segura ganancia. En la bolsa de Londres se cotiza el peso mejicano á un centavo más que el español, y si el cambio se hiciera en esa plaza, el Gobierno, más bien que pérdidas, lograría beneficio. Si se opta por la refundición de los pesos que de aquí se llevaran, la ganancia aún sería mayor, por que es sabido que de cada peso mejicano, se pude fabricar un peso y diez centavos españoles. Así es que el Gobierno debe surtirnos de moneda nacional, sin que nos cueste nada, porque puede hacerlo provechosamente; y del mismo modo debe suministrarnos moneda parcelaria y de cobre, ó nickel, que hace falta para las transacciones menudas, y que al proporcionarnos ventajas las rendiría mayores al Gobierno metropolitano.

Pero demos por bueno y definitvamente decidido que el Gobierno, según las intuiciones de la imaginación mullenhoffércia, jamás efectúe el cange y queden las cosas en el *statu quo* presente. ¿Es lógico, es honrado alterarlo, para establecer otro modo de ser ilógico, insostenible, y que causaría la ruina de los tontos que cayeran en el lazo ó torpeza de que aparece autor el comerciante Mullenhoff? ¿A quién que tenga nociones, siquier ligeras, de Economía, se le ocurre poner subidísimo precio fijo á mercancías, cuyo valor alza y baja con la escasez ó la abundancia, con la oferta ó la demanda?

Y no es otra cosa lo que propone el poco hábil comerciante de la Capital. Sabido es que el dinero, en oro ó plata, en billetes, giros, y demás agentes de cambio, esté sugeto á las mismas fluctuaciones de precio que cualquier otro artículo, y pretender que se le fije un valor que supera al que intrínsecamente tiene, es un desvarío impracticable.

Nótase de paso, que de alguna manera conviene en el cange de la moneda, efectuado por el Gobierno, puesto que dice que éste y el Banco *surtirán á la Isla de la moneda nacional suficiente para las necesidades;* pero, no hacemos hicapié en eso: lo apuntamos para que resulten las contradicciones al lado de los absurdos. Volvamos á la fijación de precio al centín y á la onza de oro, que son las unidades de que se ha enamorado el señor Mullenhoff.

Una vez surtida de moneda de oro nacional la Isla, utopía que no debemos acariciar, porque la moneda que tenemos es de plata y el gobierno no la vá á cangear por oro, sino bajo condiciones leoninas, es deber de la Isla, dice el repetido Mullenhoff, reconocer el verdadero valor del oro y de la plata española , señalando de una vez el precio de $6.50 y $21 mejicanos al centín y á la onza de oro nacional, respectivamente. A renglón seguido pinta las grandes ventajas de esa solución, diciendo, que así tendríamos cambios fijos por giros de oro, que no habría fluctuaciones desastrosas para el importador y los hacendados y agricultores, y en fin, otras muchas ventajas: sería esto un pequeño paraíso con onzas á 21 pesos.

Solemne chasco se han llevado los que consultaron al Sr. Mullenhoff, y aún los que le aconsejaron; porque los primeros han recibido una contestación inverosímil, y los segundos han quedado descubiertos al primer ensayo. Supongamos que ya se ha realizado, á pedir de boca, el plan Mullenhoff, y que las onzas españolas valen $21 mejicanos. A principios de este año, en Enero y Febrero, bajaron los giros sobre Europa al 8 y 10 por ciento, siguiendo esas fluctuaciones que provocan de contínuo diversas causas, que no son para detalladas ahora, y el año entrante la baja de esos cambios será igual ó mayor, á consecuencia de su abundancia, porque la empresa del ferrocarril no importará dinero para sus gastos, sino que atenderá á ellos con el producto de la venta de giros sobre Francia, que ascenderá á cerca de 2 millones de pesos. Con esa cantidad y la de la exportación de nuestros frutos, habrá tal plétora de aquellos valores, que no es tan aventurado como las deducciones del Sr. Mullenhoff, asegurar, que podrán comprarse aquí otra vez al 8 ó 10 %. Ahora bien: el mayor precio que alcanza una onza española en Francia, cuando escasean, es 84 francos, y como podríamos comprarlas por 18.48 mejicanos (al 10 %), invadirían nuestro mercado onzas españolas puestas aquí, á un costo máximo de 18.50, que vendría á ser el valor porque circularían en la Isla. ¿Tendrá la bondad de decirnos el Sr. Mullenhoff quién indemnizaría entonces á los que las hubieran recibido del Banco y del Gobierno al precio de $21 mejicanos? Nadie, naturalmente, y perderíamos $2.50 en cada onza, para que los ganara el Banco en la especulación que se está tramando.

Ella asoma en el último párrafo de la descabellada circular, donde se aconseja encarecidamente la compra de acciones del futuro Banco, justamente, cuando "La Nación Española" ha publicado que las acciones del *Crédito Mercantil*, cuyo capital formará parte del Banco, están vendiéndose con *pérdidas de consideración*. Nada más claro: el proyectado establecimiento está en cien brazas de agua, tropieza con una especulación que, si puede darle vida, de seguro ha de ser en perjuicio de los intereses generales de la Isla. Esa es la única explicación de las absurdas opiniones de Don Guillermo Mullenhoff, que ha tenido tan fatal estreno en las tablas de la publicidad.

El comercio de esta plaza, nos han dicho, telegrafió protestando contra la inverosímil combinación, y celebrará una junta en que se discutirá la condenación del plan, que tan mal efecto ha causado entre cuantos lo conocen.

(De *El Resumen*, 17 de Setiembre).

Cuestion Monetaria.

La Circular dirijida por el Sr. Müllenhoff á los Comerciantes y personas de arraigo de esta Ciudad, ha levantado una protesta unánime contra la opinión del Presidente del Crédito Mercantil. Los más exaltados se han llegado á figurar que se quiere hacer una operación poco lícita, pretendiendo que algunos incautos den sus pesos mejicanos á menos precio, ó tomen oro español al tipo de $6.50 el centín ó centén (moneda de oro de 25 pesetas) y á $21 la onza española.

¿Cómo? (se dicen muchos) aquellos que impelieron al Gobierno á aceptar el peso mejicano por cinco pesetas ó cien centavos españoles, para después ex portar toda la plata nacional y americana é importar fabulosas cantidades de plata mejicana, haciendo en estas operaciones pingües beneficios, ¿pretenden ahora que admitamos el oro español á un tipo fijo elevadísimo, cuando su precio ha de ser igual al que alcancen los cambios sobre la Península? Si tal idea prevaleciera, volveríamos á los tiempos en que no había más que oro, y en que sería preciso perder en el cambio de cada centín una peseta por lo menos y un peso en el de cada onza.

Es el Sr. Müllenhoff un comerciante ilustrado, y tiene que conocer por consiguiente el valor de los cambios y de los giros. A fuer de Comerciante comisionista debe saber perfectamente, que á principios de año bajaron los giros sobre Londres y París, sin que el valor del peso mejicano sufriese la menor alteración en Puerto-Rico, ni subiese en las bolsas de Londres y Nueva-York; debe saber que los giros suben y bajan en relación de la demanda y de la abundancia.

Como hombre de negocios, no ignora el Sr. Müllenhoff, que este año, y probablemente el que viene, si antes no se hace el cange de la moneda, han de bajar los giros por la abundancia de la oferta; porque además de los que venda el comercio, por razón de las mercancías que exporte de esta Isla, abundarán los que venda la Compañía ferrocarrilera para pagar en pesos mejicanos los materiales del país que necesite, y los jornales de braceros, carpinteros, herreros &[a]. &[a]., que imprescindiblemente ha de utilizar. Y si han de bajar los cambios, tal vez hasta el 10%, premio, sobre plata mejicana, es claro que el centín no valdrá más que $5.50 y la onza $17.60. ¿Por qué entonces darles el valor fijo y elevado de $6.50 y de $21 respectivamente?

Pasemos ahora al cange. El comercio de buena fé cree en la honradez del Gobierno español y en sus buenos deseos para esta Provincia española; cree que todos los diputados por Puerto-Rico están en la obligación moral de pedir que se haga el cange de la plata mejicana por plata española á la par, y que debe concederlo así el Gobierno, por equidad y por justicia.

En efecto: si el peso mejicano tiene más plata y cuando menos, igual Ley de 900 milésimas, que el duro español, lejos de perder el Gobierno, gana la hacienda en el cange á la par, porque refundiendo 2 o 3 millones de pesos mejicanos en 2 o 3 millones de pesos españolas, siempre le quedaría un beneficio para pagar con lujo la acuñación, flete, seguro &^{a}.

El Sr. Müllenhoff debe saber que el peso mejicano se cotiza en Londres un centavo más caro que el peso español.

Por estas razones debemos esperar que el Gobierno no vendrá á producir otra calamidad, á aumentar la crisis que nos agobia rechazando la moneda mejicana antes de hacer el cambio, para que media docena de agiotistas se enriquezcan, comprándola á cualquier precio. Nó: lejos de perjudicarse el Gobierno, gana con el cange á la par, y gana tanto más, cuanto que hacen falta en el país moneda parcelaria y moneda de bronce ó cobre para las pequeñas transacciones, y sabido es el beneficio enorme que reporta á la nación la acuñación de moneda de bronce.

Lejos, pues de aceptar el consejo del Sr. Müllenhoff, creemos que el comercio, los agricultores y propietarios deben excitar á los diputados y senadores por Puerto-Rico para que pidan el cange de la mejicana á la par, y para que nos manden al mismo tiempo alguna moneda parcelaria ó de bronce.

Quisiéramos extendernos en otras consideraciones sobre el Banco, pero no queremos cansar por hoy la atención de nuestros benévolos lectores.

(De *El Anunciador Comercial*, 18 de Setiembre.)

La Circular del Sr. Mullenhoff.

El señor don Guillermo Müllenhoff, del Comercio de esta Plaza, ha dirigido al de toda la Isla una circular, que no ha causado buen efecto. Sentimos, á la verdad, expresarlo así; mas no podemos menos de afirmar un hecho público y notorio.

Establece el señor Müllenhoff que es pura ilusión la de creer que se efectúe el canje de la moneda, dándonos el Gobierno 95 centavos españoles por cada peso mejicano, y afirma que el Gobierno jamás podrá satisfacer tales deseos. Esto constituye un supuesto, que, si prevaleciera, dificultaría la ansiada solución del canje, en forma equitativa y conveniente.

El señor Mullenhoff trata, además, de fijar la verdera relación entre el oro y la plata mejicana, proponiendo que se adopte de *una vez* el valor del centín por $6.50, y el de la onza española por $21 mejicanos. Esto nos parece absurdo, pues con tal cotización resultarían los cambios á más de 31 por 100, mientras que, en las épocas de alza, no pasan del 22, estando las libras á $6.20, y en las de baja, cuando hay abundancia de frutos, no suelen subir del 8% como se ha visto en este año.

Con arreglo á la proposición del señor citado, la situación actual, de la que deseamos salir, resultaría más ventajosa, y no tendríamos por qué gestionar el cambio de la misma. Por otra parte, el Gobierno, según se ha visto por telegramas recientemente publicados, ha hecho ofrecimientos de oro al 6 por 100, resultando cotizada la onza, proximamente, en este á 17, y ya se vé, por tanto, la impocedencia de la proposición Mullenhoff, que pone la onza á 21.

Por esto creemos, que la opinión se ha pronunciado en contra de la proposición con fundado motivo. Varios comerciantes de esta Capital han emitido ya su opinión adversa; la Cámara de Comercio ha publicado una hoja suelta de absoluta oposición á la circular, hánsenos mostrado telegramas del comercio de Mayaguez y Aguadilla, protestando contra las soluciones propuestas por aquélla; soluciones que no creemos aceptables, bajo ningún concepto, por las razones dichas.

(De *El Boletin Mercantil*, 18 de Setiembre.)

UNA CIRCULAR.

Cuando se nos decía por varios señores y amigos nuestros que el Sr. Don Guillermo Mullenhoff, miembro de la respetable casa de comercio, que en esta plaza gira bajo la razón social de *Müllenhoff y Korber*, había escrito una circular que había sido enviada á todo el comercio de esta Capital y de la Isla, recibimos la siguiente carta que nos dirigen varios, no menos respetables comerciantes, de esta Capital, suplicándonos la inserción de la misma, súplica qu desde luego atendemos.

Esta es la carta:

Puerto-Rico, 16 Setiembre de 1880.
Sr. Director de
LA INTEGRIDAD NACIONAL

Muy Sr. Nuestro y de toda nuestra consideración:

habiendo llegado á los respectivos escritorios de los que tienen el honor de suscribir la presente, una *Circular* impresa, autorizada por el Sr. D. Guillermo Mullenhoff, relativa á la cuestión monetaria que tanto preocupa al país, y á éste en general, estamos en el deber de dirigirnos á V., para hacer pública nuestra opinión humilde, respecto al asunto á que la referida *Circular* se contrae, sin perjuicio de que, respondiendo á un deber de cortesía, contestemos oportunamente y en la forma acostumbrada, á la persona que á nosotros se dirige.

Hemos de empezar nuestra manifestación por hacer público, que ninguno de los infrascritos figura en el número de las personas que han suplicado al Sr. Mullenhoff emita su opinión -que respetamos- sobre la cuestión de que se trata.

"La ilusión que muchos han abrigado -nos dice el Sr. Mullenhoff- de que el Gobierno efectuaría el cange dándonos un peso español ó á lo menos 95 centavos por cada peso mejicano, es tiempo ya que sea desechada, porque el gobierno, según mi opinión, nunca podrá satisfacer esos deseos" etc., etc.

Mal se compagina esta opinión, Sr. Director, con las seguridades que cada día se nos dan de que en plazo breve, el canje será un hecho; y mucho menos con lo que acabamos de leer en el editorial del número 121 del importante periódico que tan atinadamente V. dirige, correspondiente al 15 del actual, cuya opinión es para nosotros tan respetable y respetada como la del Sr. Mullenhoff, y por el cual con gran contentamiento nuestro, pudimos ver que Excmo. Sr. Ministro de Ultramar, días antes de salir el último vapor correo que zarpó de Cadiz el día 30 del pasado mes, esperaba al Excmo. Sr. Ministro de Hacienda, á la sazón ausente de Madrid, para resolver en el más breve plazo posible esta importante cuestión.

Basado en la opinión que más ariba dejamos reproducida, afirma el Sr. Mullenhoff que, "como tarde ó temprano, habrá que reconocer la verdadera proporción del oro y plata como en los demás países, y adoptar en general *de una vez,* el valor del centín por $6.50, y la onza española por $21 mexicanos, sería *según su parecer* una pronta y buena solución de la cuestión monetaria, *(la que el propone),* porque así tendríamos los cambios por giros en oro bastante fijos, evitando de esa manera fluctuaciones desastrosas para el importador sin grandes recursos y para los hacendados y agricultores; y otras ventajas que reportaría al país, con la estabilidad del valor de su moneda corriente."

En todo ello nos hallaríamos conformes, Sr. Director, sino fuera porque además de las razones arriba expresadas, relativas á la probabilidad del breve cange de esa moneda, entendemos que con esa medida que propone el Sr. Mullenhoff, saldrían beneficiados unos pocos que conservan en sus arcas crecidas cantidades de moneda de cuño nacional, y que, como la casa de los Sres. Mullenhoff y Korber, en los momentos mismos de ver la luz pública la circular á que nos contraemos, recibía por el vapor alemán *Rhenania* una caja de oro acuñado, según acusa el *Listín Comercial* de esta plaza, con fecha 16 del corriente.

Y por otra parte, Sr. Director, prescindiendo por el momento del perjuicio que se irogaría á los comerciantes que no poseyeran oro alguno, dado el caso de que aceptásemos la opinión del Sr. Mullenhoff, ¿quién nos libraría de una merma considerable en nuestros intereses, llegado que fuera el día del cange, por tarde que fuera, si habíamos admitido en nuestras arcas una moneda por un valor que desaparecería con la abundancia del cuño mismo, que, por razón del cange practicado, vendría á circular en el país con el valor que debe tener, inferior al que el Sr. Mullenhoff quiere darle, atento á su particular interés, con detrimento de los generales?

Expuestas las razones que los puntos consignados nos han sugerido, pasamos á manifestar que nos hallamos en un todo de acuerdo en lo que, relativo al Banco, dice el Sr. Mullenhoff; esto es: que comercio, especialmente el de más importancia, debe tomar gran interés en el buen desarrollo del futuro *Banco de emisión y descuento de Puerto-Rico,* suscribiéndose como accionistas, todos los establecimientos de esa índole que radican en el país.

Sin otro particular, suplicamos á V., Sr. Director, la inserción de las precedentes líneas, que implican nuestra más SOLEMNE PROTESTA, por lo que le anticipamos las más expresivas gracias, suscribiéndonos de V. atentos amigos y S.S.

Q.B.S.M.

Pizá Hermanos, Egoscue y Clós, Barceló y Perujo, Serra y Ca., Sucesores de Orcasítas, Uría y Ca, Bartolomé Simonet, G. Bolivar y Ca, Sucesores de Claudio G. Saenz, Sucesores de C. Prats y Ca., Sucesores de José Hernaiz y Ca., Zalduondo y Valle, Serafin Alonso, A. Mayol y Ca.

(Siguen las firmas de los muchos comerciantes que se han adherido verbalmente á esta protesta, antes de ser redactada, y que no pueden figurar aquí hoy, por no haber tiempo de recogerlas.)

Justo es que si á nosotros se dirigen los manifestantes, digamos por nuestra cuenta, lo que, en nuestro entender escaso, el asunto nos sugiere.

Debemos comenzar por hacer presente, que dicha circular no ha honrado nuestra humilde mesa de redacción, á pesar de que, según se nos dice, el Sr. Mullenhoff invoca en la misma la opinión de la prensa acerca del documento que acaba de hacer público.

Aparte de esto, que bien puede ser una omisión involuntaria, vamos á contraernos á lo que los firmantes de la carta, inserta arriba, nos dicen.

Desde luego haremos constar que en un todo abundamos en las manifestaciones de la referida carta, y que estimamos muy acertada la actitud de los señores comerciantes en esta cuestión, que de tal modo afecta á los intereses del país.

Hemos buscado el Listín comercial á que alude la manifestación, y en él hemos encontrado lo que sigue: "ENTRADAS.-De St. Thomas y escala, vapor alemán "Rhenania" de 1,359 toneladas, capitán G. Schmidt, á Mullenhoff & Korber, una caja oro acuñado, etc. etc."

Y si esto no bastara, díganos el lector: supongamos que los Sres. Mullenhoff y Korber no hubieran recibido esa caja de oro acuñado; supongamos, además, que dicha casa careciese de una cantidad de oro español que en el plazo de dos meses, por ejemplo, necesitase para una negociación importante; ¿es posible que un espiritu de puritanismo haya impulsado á uno de sus socios á indicar esa idea al comercio del país, sabiendo que habría de sufrir una pérdida considerable en la futura negociación expresada?

En la vida mercantil el puritanismo es un mito.

Todos sabemos que el comercio es una lucha constante en que es un César, quien, logrando conciliar mejor la honradez con el trabajo, saca del botín la mejor parte.

La opinión que emitimos respecto al comercio no empece, para que tengamos la convicción más íntima de que, particularmente, los señores que lo constituyen, vengan á formar en el concierto humano, para ajustarse con sus procederes al proceder de éste.

Esta es nuestra opinión bajo el punto de vista general, que, en nuestro sentir, corrobora el asunto concreto que ha motivado la carta de los señores comerciantes que á nosotros se dirigen.

Quedamos, pues, en resumen, de acuerdo con los manifestantes que nos han honrado con su carta.

Tenemos entendido, además, que la respetable *Cámara de Comercio* de esta Capital piensa emitir su protesta con igual motivo.

Aplaudimos, desde luego, sin reservas, la actitud que en este sentido adopte ese importante centro.

(De *La Integridad Nacional,* 18 de Setiembre).

LA CIRCULAR
De Mr. Guillermo Mullenhoff.

Alguna vez el mercantilismo egoista, atavíase con el ropaje del candor, y así Mercurio, diestro en el arte de los disfraces, aparece á los ojos de los incautos, como una verdadera divinidad protectora del comercio en aquel sentido figurado de la palabra, según el cual indica cambio de ideas y relaciones entre los hombres, que los junta, que los hermana; sentido á todas luces más noble que el etimológico de *cummerx* (por precio). Tal reflexión es la primera que al ánimo sugiere la lectura de una circular que Mr. Guillermo Mullenhoff dirige *á todo el Comercio, especialmente al de más importancia* (huelga la especialidad), proponiendo como *pronta y buena* solución de la cuestión monetaria el adoptar de *una vez* el valor del centín por $6.50 y la onza española p $21 mejicanos. Y no queremos decir con esto que el pensamiento contenido en aquella nuestra reflexión, sea el que haya guiado la pluma del extranjero, á quien, por su misma cualidad de tal, debemos el miramiento y atención del huésped, y además la disculpa de inexactitud ó yerro en que ha podido incurrir, al vaciar sus conceptos en los moldes de nuestra rica y delicada lengua: lejos de nosotros la reticencia malévola; pero díganos el Comercio, el Comercio mismo: ¿no se presta el medio escogitado y propuesto por Mr. Mullenhoff á servir de encubridor al agiotage, que, en mengua de los intereses generales y privados, quiera ejercer algún comerciante que ya con antelación se encuentre prevenido, gracias al oro que la experiencia le ha inducido á acumular en gruesas sumas? Si á razón $20 se ofrece hoy de dicho metal cuanto se quiera: ¿será razonable que el comprador haga, *motu propio*, al vendedor un regalo pagando un peso más?

Afortunadamente han pasado ya los días en que fueron posibles negociaciones leoninas con la de Saenz Hermua, en la que dio al País cuatro millones de pesos en valores efectivos contra el Tesoro público por solo millón y medio de *soles mejicanos.*

Y conretándonos á la *Circular*, su redactor sabe que otra sociedad, extrangera como la de Mullenhoff y Körber, no pudo lograr la concesión del Banco de emisión y descuento á pesar de sus 4000 acciones liberadas.

El Gobierno concedió al Comercio, en época crítica, la admisión de la plata norte-americana, al tipo de 95 centavos fuerte; más tarde y por gestiones de los agiotistas interesados en la negociación Hermua, hizo extensiva la concesión á los Soles Mejicanos; y despues de 20 años, contados desde la primera medida, ha puesto término á la importación legal de esa moneda, dando de este modo el primer paso en la senda de la reparación de los perjuicios que acarrea el haber concedido carta de naturaleza al cuño mejicano.

El segundo y decisivo (no lo dude Mr. Mullenhoff,) será el cange de esa moneda por la Nacional, por que esto es una necesidad reconocida por todos, exigida por el órden natural de la cosas: y estas necesidades se imponen, porque son superiores á todas las voluntades, á todas las intrigas.

El Banco de emisión y descuento próximo á constituirse con su capital en Moneda Española demuestra á todas luces, que el Gobierno de S.M., al hacer la concesión, se propone:

1º. Dotar al país de un centro de crédito suficiente, para atender á las necesidades del Comercio y de la Agricultura.

2º. Resolver, por medio de esta importante institución y el Tesoro público, la cuestión *monetaria* que tanto afecta á la riqueza en general del país; la forma de realizarlo no puede conocerla Mr. Mullenhoff ni nadie, hasta el momento que sean publicadas las superiores disposiciones; que, como es natural, el Gobierno guarda reserva para contrariar el afan de lucro de los especuladores, en perjuicio del bien general.

Tarde ó temprano habrá que reconocer la verdadera proporción del oro y la plata, es cierto; pero momento propicio será, cuando se haga entre el oro en normal circulación; cuando se haga acta del numerario de uno y otro metal que pase de mano en mano.

Establecer desde ahora esa proporción, tras de ser pretensión absurda, sería dar á la moneda que circula una depreciación real y positiva de 30 %, como pretende Mr. Mullenhoff, para nivelarla con otra moneda que nadie vé (á no ser aquellos acumuladores de que antes hablamos): esto es pura candidez.

Es sabido que la casa Mullenhoff & Korber, mediante algunas operaciones con la sociedad de Crédito Mercantil, ha recibido algunas cantidades respetablos en *oro*; esa suma podrá convenir ó nó, á dicha sociedad, para ulteriores operaciones; guárdela Mr. Mullnehoff, si tiene la convicción firme de que la relación entre la moneda nacional de oro y plata, y los soles mejicanos pueda despreciar á estos al extremo que el pretende.

La adopción del 30%, como relación entre el oro español y la plata mejicana, sería ineficaz para curar los males presentes, y generadora de otros, para el porvenir; pronto tendríamos reducida á oro toda la circulación; y la baja de los cambios, por giros en oro, no compensaría el desequilibrio general, ocasionado por la carencia de plata.

He así la opinión de la Cámara de Comercio, que lamentando que el autor de la *Circular* esté, por nuestras leyes, excluido de tomar parte en las deliberaciones, para honrarse discutiendo con él á la voz, sus ideas en la materia é impugnándolas, no titubea en aconsejar desde luego, que por todos se rechace la proposición que la *Circular* ha propagado y que, en la necesidad de adoptar algun remedio, se de las regiones del poder descendieran resoluciones, cuyas consecuencias deploraríamos todos, todos llevemos por Mentor la sabia prudencia.

El último párrafo de la circular hace una recomendación que nada tiene que ver con el asunto principal de la misma, ó sea con el agio del oro. Esa recomendación la aceptará sin duda el Comercio, dispuesto siempre á apoyar todo cuanto tienda al progreso del país: suscribirá las acciones, pero rechazará toda clase de operaciones ruinosas.

(Suplemento de la *Revista Económica,* 19 de Setbre.)

La Circular de Mullenhoff.

El señor don Guillermo Mullenhoff, comerciante establecido en esta ciudad, autoriza, con fecha 14 del corriente, una Circular impresa, en la que parece proponerse dos fines: la recomendación del Banco *non nato*, del cual es uno de tantos concesionarios el circulante, y la recomendación del cange de la moneda mejicana por oro español que, según se dice, viene introduciendo los señores Mullenhoff, en gruesas cantidades.

Nada diremos sobre este último, pues justo es que cada comerciante procure recomendar su mercancía, en la forma que más deba convenirle; pero nos parece, que por atender á este último caso, ha perjudicado el señor Mullenhoff al otro, demostrando una vez más cuan cierto es aquel adagio que advierte que *no se pueden correr dos perdices á la vez.*

Introducir oro español para venderlo á 21 pesos mejicanos la onza y á 6-50 el centín, será un bonito negocio, si hay compradores que soliciten la mercancía; pero apremiar al público para que tome acciones en el Banco futuro, dando á entender que ese tipo alzado del oro será el que aquel establecimiento adopte, ó por lo menos, el que le conviene adoptar, es cosa que no concebimos traiga para el nuevo establecimiento de crédito otra cosa que desconfianzas.

El señor Mullenhoff hace descansar su tésis en la suposición de que es *ilusoria la creencia de que el Gobierno hará el cange dando 95 centavos españoles por 100 mejicanos;* pero este fundamento es gratuito, pues no hay que olvidar que, *por virtud de solicitudes del comercio mismo y de los Ayuntamientos,* decretó el Gobierno Supremo que se admitiesen en el Tesoro público los pesos mejicanos con el descuento de 5 por 100, y este Decreto habrá de subsistir y tenerse por válido, en todos los establecimientos públicos, interín otro Decreto no determine algo en contrario, anulando el anterior.

Creer que el Gobierno ha de permitir que el Banco que ha de establecerse tenga una prima sobre el oro superior por muchos guarismos, á la que el Estado le concede al recibirlo en sus arcas, es simplemente utópico. Hasta ahora sólo se conoce la concesión, disponiendo que el Banco se funde con moneda española; si el Estado viene admitiendo la mejicana con el descuento de 5 por 100, y bajo ese tipo computa la que tiene en sus arcas, y bajo ese mismo concepto practica sus operaciones de ingresos y egresos, no es posible concebir que en sus operaciones con el Banco ó con los particulares, que de éste tomen fondos, conceda prima mayor, imponiéndose un quebranto considerable, no previsto en su presupuesto.

En cuanto á que la propiedad particular recibirá ventajas, con ese tipo usurario que el señor Mullenhoff señala al oro español, no podemos concebirlo. La propiedad y sus productos sufren hoy, es verdad, no un demérito de 5% sino de 16 ó 20, es el valor del documento que en los mercados extranjeros alcanzan los pesos mejicanos; pero las onzas españolas á 21 pesos representan un 31 25 de pérdida en relación con la moneda mejicana, y nadie ha de convenir en que aumento de pérdida, produzca suma mayor de utilidad.

Además, en la vecina isla de Cuba, tenemos entendido que las onzas españolas alcanzan un valor oficial de 17 pesos, y estando aquella isla sujeta á iguales contingencias monetarias que la nuestra, no cabe esperar que el Gobierno Supremo establezca, para nosotros, tipo distinto del de la isla hermana, por que esto sería abrir las puertas al agiotaje, aumentando los perjuicios que el Erario y al público vienen produciéndose.

Precisamente la inadvertencia de ese agiotaje, por parte de nuestras autoridades superiores, fue lo que dio márgen á la introducción de esos pesos mejicanos que se adquirieron con 20 por 100 de beneficio y ahora se quieren cambiar por oro con 31.25 por 100 de utilidad. Esto será muy jugoso para los agiotistas, pero perjudicial, en sumo grado, para fortuna pública, que está llamado á defender el Gobierno, y que no es sólo con bayonetas y cañones como se ha de custodiar.

Tanto más es de temer el agiotage monetario, cuanto que una vez establecido es muy dificil desarraigarlo, como lo prueba esa *prohibición de introducirse moneda mejicana, sin que se reselle en las aduanas*; prohibición que el señor Mullenhoff considera bien atendida, y que en nuestro concepto estimamos completamente ilusoria. Abarrotada está la plaza de pesos mejicanos de 1886 y 1887, es decir, acuñados con posterioridad al decreto de prohibición, y en estos días hemos visto llegar de la isla, pesos acuñados en el año corriente, todo lo cual prueba que *el contrabando de moneda se hace por todas partes, siendo la administración impotente para sofocarlo,* creándose de este modo nuevas dificultades al cange de la moneda, que indispensablemente ha de practicarse por el Gobierno auxiliado del Banco que aquí se ha de establecer.

Estimándolo así, aplaudimos la concesión de dicho establecimiento, y aplaudirémos que se constituya dentro *dentro de las disposiciones reglamentarias y contando con capital suficiente suscrito por accionistas,* tal y como lo dispone el Decreto de concesión, y no partiendo de operaciones de préstamos, liquidaciones, ó transferencias de otras Sociedades, como la *Anónima,* á la que no consideró el Gobierno de la Metrópoli en aptitud para responder á las exigencias de un establecimiento bancario.

Este ha sido siempre nuestro criterio, y en él nos ratificamos, con mayor fuerza, despues del leído el estado ó *situación de la Sociedad Anónima,* publicado en la *Gaceta oficial* con fecha 3 del que cursa, y autorizado con la propia firma del señor Mullenhoff, presidente de turno de dicha sociedad.

Según vemos en la indicada *situación,* el ACTIVO de la *Sociedad Anónima,* prescindiendo de hojarasca, representa una suma, en

    caja de..$605 422 98
Uniendo á dicha suma..$ 57 566 15
    que se hallan en poder de co-
    rresponsales, se obtiene un
    total de...$662 989 13
Rebajánse de ese total las *Obli-*
    gaciones á la vista, que exi-
    gen pago imprescindible y
    montan á...$632 481 57

                                    Quedarán.........................$ 30 507 56

-34-

Esta es la suma líquida que, en realidad, arroja la *situación de la Sociedad Anónima de Crédito Mercantil*, según los datos que ofrece y publica el periódico oficial.

¿Puédese, con esa suma, hacer frente al préstamo de $300.000 españoles, para contituirse el primer dividendo del Banco?

¿Presta garantía suficiente esa mezquina cantidad, á operación de tal importancia como la que ha de servir de fundamento al *Banco Español de Puerto Rico*?

¿Es para cubrir las deficiencias de esa situación, que se quiere apelar al agiotaje, que el señor Mullenhoff deja entrever en su circular?

Pues, si es así lo que corresponde es no llamar accionistas, halagándolos con ese 31-25 por 100 de prima sobre el oro, que ni al Gobierno ni al público han de seducir.

Lo que corresponde entónces, es decir bien alto, que la atmósfera en que viene envoviéndose la instalación del Banco tan cacareado, es por todo extremo asfixiante.

Dá fé de esto un periódico conservador –*La Nación Española*- que se daba á luz junto con la Circular del señor Mullenhoff, y en el cual se leen, dirigidas á nosotros, estas palabras, á proposito de la *Sociedad Anónima*.

"Pues lo peor es que *aumenta el número de los accionistas que quieren deshacerse de las acciones perdiendo, disminuyendo el de los que desean adquirirlas, y baja el precio de cotización.*

Esto es lo peor."

Mídase la importancia de esas frases, estúdiénse escrupulosamente los guarismos publicados por la *Gaceta oficial*, atiéndase á lo que en la Circular del señor Mullenhoff se transparenta, y así podrán venir en cuenta, el comercio y las autoridades administrativas de Puerto-Rico, del volúmen y pesadumbre del *ciclon* financiero que sobre nosotros amenaza desatarse.

(De *El Clamor del País*, 18 de Setiembre.)

CIRCULAR.

Hay cosas que por ridículas que ellas en sí mismas son, causan enfado.

De tal puede calificarse la circular del Sr. Mullenhoff; son tan absurdos los conceptos que encierra, que no hay como reprobarla, habiendo merecido la desaprobación unánime.

¿Sabe el señor Mullenhoff hasta donde llegarían los perjuicios en todas las clases de la Isla, si el Gobierno tuviera la debilidad de fijar por un momento su atención en tan impensada circular, hija de una impremeditación censurable; pues sus fatales consecuencias acarraerían en pos de sí el desquiciamiento del comercio, industria, agricultura y en fin, de la sociedad toda?

Creemos que antes de lanzar al público pensamiento tan grave, debe con todo lo importante á interesado en la cuestión, para después de discutido, resolver lo que más convenga al país en general, y no á tontas y á locas pronunciarse por una idea, que se ha juzgado severamente por la parte sensata que representa la riqueza de la Isla.

Parece que esa idea se viene elaborando hace tiempo, no por los que verdaderamente deberían tomar parte directa en ella, sino por una pequeña fracción, que le importa poco las desgracias que vendrían al país con semejante resolución.

Los frutos sufrirían una rebaja espantosa en sus precios actuales, que sobrevendrían atrasos en los pagos, y por consecuencia falta de cumplimiento en las operaciones efectuadas, basadas en el valor cursante de la moneda.

El comercio flaquearía seriamente, pues contando con entradas para el lleno de sus sagradas obligaciones, éstas aminorarían y darían lugar á un trastorno de resultados fatales.

Nada ganaría el país con las disparatadas pretensiones que desenvuelve la circular ameritada; las introducciones no bajarían su tipo y el consumo no aliviaría en sus precios; así es que lo que intenta el Sr. Mullenhoff no nos conduciría á otro fin, que perjudicar los intereses generales de la Isla, sin utilidad alguna en lo que se introdujera del extranjero.

Estas serían las tristes consecuencias que nos traería la célebre y desagradable circular citada.

¿Ha olvidado el Sr. Mullenhoff los numerosos compromisos que el comercio y la agricultura tienen establecidos bajo el amparo de una ley que ha permitido y permite la circulación de la plata mejicana hasta en las arcas reales á razón de 95 centavos el peso?

Es regla general, que cuando se piensa promulgar una ley que pueda alterar el valor de intereses adquiridos, se hace saber con larga anticipación, á fin de que queden salvados los empeños contraídos, y los nuevos que se contraigan se asienten sobre la próxima ley que se trata de establecer.

Esta es una práctica corriente en todos los gobiernos, que se ocupan de los progresos de los países que mandan.

Conocida por el nuestro la forma de las transacciones en toda la provincia, en que el agricultor principia por comprar sus fincas á largos plazos y formula despues contratos de refacción, fundando sus cálculos en los precios medios de los frutos, de los cuales es muy importante el papel que desempeña la moneda circulante; sería muy triste que habiendo hecho su negocio bajo la sombra de una ley, tuviera que recibir consecuencias perjudiciales por efecto de precipitaciones onerosas.

El comerciante importador efectúa convenios que tiene que cumplir, en plazo más breve, sí; pero no menos digno de tenerse en cuenta; y estos los ha hecho en cumplimiento al valor de una moneda corriente, ¿serán compensados los daños que recibiría este comerciante con la divulgación de una ley injusta todas luces?

El que no importa, ha hecho compras á plazos, descansando sobre la cuestión monetaria, porque al hacer la operación, tiene por garantía la ley. ¿Será legal que se perjudique al que instituye sus negocios basados en la inexistencia de esa misma ley?

La Isla entera debe protestar de los efectos que puedan producir la circular que nos ocupa para salvar á la provincia de un cataclismo.

Las lacónicas palabras del telegrama que este comercio pasó al Sr. Mullenhoff, son más elocuentes que cuanto pudiéramos escribir.

El recto y liberal Gobierno que nos rige, no debe dar importancia alguna á esa circular, porque sería origen de ruinas y pleitos á millares, y que por lo absurdo que ella es, no debe encontrar eco alguno en los pueblos de la Isla.

(De *El Imparcial*, 19 de Setiembre).

El colmo del absurdo.

Es el pensamiento que tiende á desarrollar D. Guillermo Mullenhoff, en la circular, que ha repartido por esta ciudad con mayor profusión que el anuncio ¡NO MÁS SOLITARIA! de un médico habanero.

Como el famoso específico para espulsar la ténia...por el DIADGNÓSTICO DIFERENCIAL INFALIBLE, la receta económica consabida en un diagnóstico *infalible* para que el cambio ó tipo del giro suba al espacio y dé en en poco tiempo al traste con nuestro paciente y digno comercio; con el público al cabo, por cuanto "del cuero salen las correas" según vulgar locución y el público vendría á ser á la postre la víctima propiciatoria del ágio que sobrevendría con fuerza absorvente, avasalladora á irresistible, de la idea absurda concebida y madrugada por el Sr. Mullenhoff.

Suponemos no molestará á éste que combatamos su impremeditado y dañino proyecto, con el calor que demandan los intereses generales, siempre más altos y dignos de consideración que cualquier lucro particular esbozado éste con más ó ménos habilidad.

La esplendidéz con que ha hecho circular su hoja el Sr. Mullenhoff, por una parte, y por otra el habernos dirigido una, indican que el autor quiere se depure su contenido. No habrá, pues, de darle enojos que se la impugne, cuando la opinión unánime, cerrada, con pocas veces vista homogeneidad, se rebela contra tamaño absurdo.

Si el Sr. Mullenhoff ha pensado ó creido hallar una revalenta arábiga para nuestro problema monetario, tenga la seguridad de que únicamente ha forjado un cáustico que nos dejaría en horripilante llaga. El re[me]dio es mil veces peor que la enfermedad. ¿Qué decimos peor? Es una enfermedad corregida y aumentada, con honores de plagas de Egipto, multiplicadas por sí mismas.

El Sr. Mullenhoff, posee, según de público se murmura, alrededor de cien mil pesos EN ORO, en las cajas de la Sociedad Anónima de Crédito Mercantil: en el vapor alemán *Rhenania* figura UNA CAJA ORO acuñado, para los señores Mullenhoff y Körber: ¿hemos de acoger la idea del Sr. Mullenhof como iris salvador de nuestro problema monetario?

Con tales antecedentes, ellos de por sí solo, bastarían y sobrarían (si no hubieran además otros de mayor trascendencia é importancia) para ahogar en la cuna semejante absurdo. La opinión con los apuntados procedentes, jamás podrá considerar el consejo del Sr. Mullenhoff cual una desinteresada expresión del buen deseo por el mejoramiento de nuestro estado monetario.

Tanto más, cuanto la solución práctica, justiciera y conveniente de tal problema, se halla cercana, libre de todo indicio leonino. Y es el cange de la plata mejicana por la moneda nacional, única forma llamada á poner término satisfactorio á la cuestión, con el aditamento del espíritu patriótico que la informa: que está cercano. ¿A qué por tanto ha de pretender el Sr. Mullenhoff, crear una trascendental inmovación, una perjudicialísima novedad, un obstáculo tan infundado, á la actitud noble del Gobierno de S M.? Acaso habría sido disculpable el pensamiento de D. Guillermo Mullenhoff, tiempo atrás, cuando no se había venido á la fórmula del cange. Pero en los momentos actuales resulta improcedente: más que improcedente, perjudicial; y más que improcedente y perjudicial á todas luces extemporáneo.

No hemos de dirijir cargos al autor de la circular, que seguidamente publicaremos. Cada cual ejerce un legítimo derecho, buscando el beneficio propio; y si ejerce el comercio, la utilidad en sus operaciones peculiares.

Más tenemos el deber ineludible de combatir resueltamente esos avances, cuando de cerca están en relación con la vida económica de todo un pueblo. Cuando son perturbadores del armónico concierto mercantil. Cuando constituyen peligro inminente para el necesario equilibrio, aquí más necesario todavía, por el modo de ser especial de nuestra producción y comercio.

Cuando está fresca en la memoria del país aquella SALVADORA operación Hérmua, donde bajo visos eminentemente *benéficos* (y lo fueren para sus fautores), dió el país cuatro millones de duros en valores efectivos, á trueque de millón y medio de los depreciados pesos mejicanos.

(De *La Nación Española*, 19 de Setiembre.)

Otra vez la Circular.

Al día siguiente de haberse publicado en este periódico la carta con que nos honraran algunos respetables comerciantes de esta plaza, relativa á la Circular que redactara el Sr. Mullenhoff, socio de la casa comercial que en aquella gira bajo la razón social de *Mullenhoff & Korber*, llegó a nuestra mesa de redacción un *Suplemento* al número 34 del apreciable colega la *Revista Económica*, órgano de la *Cámara de Comercio, Industria y Navegación de San Juan de Puerto-Rico*, que contiene un artículo cuya reproducción nos suplica en atento B.L.M. el Sr. Don Juan Rubert, digno Presidente de la *Cámara*. [1]

En vista, pues, de la actitud observada por la Cámara y su órgano oficial, representación genuina de todo el Comercio de esta plaza, los dignísimos firmantes é iniciadores de la carta que en nuestro número anterior publicáramos, han creído innecesaria la recolección de [de] otras firmas toda vez que hoy conocen la opinión de la Cámara, opinión ignorada en los momentos de redactarse el referido documento que honró nuestras columnas, por consecuencia de no haber visto hasta ayer la luz pública el bien redactado artículo que dejamos reproducido.

Valga éste, pues, por las firmas de todos los comerciante de la plaza, cuyos nombre figuran en las lista de socios de la *Cámara de Comercio*.

Debatido ya suficientemente este punto, y desechada unánimemente la pretensión del Sr. Mullenhoff, honradamente procediendo, estamos en el deber de enviar las gracias al indicado señor por la circular que con fecha de ayer se ha servido enviarnos, rectificando la omisión que sufriera y que significábamos en nuestro anterior editorial.

Es cuanto tenemos que manifestar; esperamos la opinión de las demás *Cámaras de Comercio* establecidas en el País.

(De *La Integridad Nacional*, 19 de Setiembre.)

---

[1] Véase la página 27.

La Cicular del Sr. Mullenhoff
Y LA CUESTION MONETARIA.

Hemos recibido una circular del señor D. Guillermo Mullenhoff, comerciante de la Capital, tendente á hacer pública su opinión acerca de la situación monetaria de esta Isla y á excitar al comercio á suscribir acciones para el establecimiento del *Banco Español de Puerto-Rico.*

Aunque habíamos guardado silencio, desde cierto tiempo, sin tratar aquella cuestión, á causa de las noticias contradictorias que nos llegaban, relacionadas con el cange de la plata mejicana, vamos á terciar de nuevo en el debate, ya que, según se expresa el señor Mullenhoff, desea la discusión del asunto en la prensa.

No estamos conformes con dicho caballero en las 2ª. y 4ª. de las premisas que sienta, pues ignorábamos que "*el comercio de* TODA LA ISLA" haya solicitado del Supremo Gobierno, ni la prohibición de la importación de la plata mejicana, ni el cange de la moneda. Muy al contrario: las noticias que tenemos son, de que la mayorías del comercio de la Isla acató con desagrado la medida prohibitiva, y que en cuanto al cange, ese mismo comercio, en unión de respetable número de agricultores, ha venido gestionando, ya por telégrafo, ya por medio de escritos y cartas á los señores Diputados, la conservación del *statu-quo* monetario hasta que los precios del azúcar permitan á los hacendados sufrir la baja inevitable de los cambios, consecuencia inmediata del cange de la plata mejicana.

Haciendo la debida justicia al señor Mullenhoff, debemos suponer que ha recogido sus inspiraciones en la propia Capital, y tal vez de determinadas individualidades de la Isla; pues es evidente que el comercio de dicha plaza y aún su Cámara de Comercio, han pretendido representar las aspiraciones de toda la Isla, a despecho de las respetables opiniones que en contra del cange han venido emitiéndose, desde la memorable Asamblea de Aibonito, en la cual la mayoría votó a favor del *statu-quo*.

Nada tenemos que oponer á la proposición del señor Mullenhoff, de que se fije un valor de $6-50 á los centines de oro español y $21 á las onzas del mismo cuño, si bien no podría ser obligatorio para quien no quiera admitir esos tipos, pues siendo, hoy por hoy, la plata mejicana la moneda corriente *legal*, todo otro cuño está sometido á la ley de la oferta y la demanda, como cualquiera mercancía. Lo que no se nos escapa es, que la regularización de los cambio que persigue el señor Mulenhoff comenzaría por imponer una alza considerable, ó sea la cotización de 30 %, por giros sobre Europa y alrededor de 35 %, sobre los Estados Unidos, que jamás han alcanzado, pues es evidente que el tipo de los giros no puede separarse mucho del premio que gozen los cuños exportables, en pago de nuestras importaciones.

Dice el señor Mullenhoff que es una ilusión el creer que el Gobierno pueda darnos un peso español, ni siquiera 95 centavos, por cada peso de plata mejicana; y tampoco abundamos en la opinión del señor Mullenhoff, pues si en realidad el peso de plata mejicana tiene el mismo valor intrínseco que el español, podría el Gobierno, llegado que fuese el momento favorable de hacer el cange, convertir en pasta la plata que recibiera en cambio de la nacional, para acuñarla cuando la Ley de presupuestos (que se vota cada año) lo permitiera. De este modo no se perjudicarían intereses creados al amparo de una Ley, ni tampoco los del Estado, puesto que recibirá igual, sino mayor, contingente de plata de la que entregue.

Bien está que el señor Mullenhoff excite á los comerciantes á suscribir acciones del futuro Banco, pues es innegable que ha de reportar grandes beneficios al país; pero es nuestra humilde opinión, que si los términos de la concesión, para fundar dicho establecimiento, han de precipitar el cange de la moneda mejicana, sufrirá un perjuicio inmediato la decaída agricultura de la caña por la repentina baja de precios, como consecuencia de la nivelación de los cambios.

Escrito lo que precede, hemos sabido que el comercio de Mayagüez y algunas respetables casas de esta plaza, han telegrafiado al señor Mullenhoff su inconformidad con las proposiciones de su circular, y no dudamos que de otros puntos de la Isla se opondrán también á aquellos proyectos.

¡He ahí evidenciada la divergencia entre la Capital y el resto de la Isla en la cuestión monetaria!

(De *El Popular*, 19 de Setiembre.)

LO DE ACTUALIDAD.

Varias cosas podemos enumerar.

Entre ellas, lleva el privilegio la circular del señor Mullenhoff, que ha pretendido cubrir de sombras nuestro porvenir financiero, subiendo el tipo de los giros, aumentando el valor de la moneda que no tenemos, y rebajando el de la que posee la Isla, como única circulante.

El Comerciante de la Isla, y la Cámara de Comercio de la Capital, en primer término, se han pronunciado en contra de la circular y sus tendencias. La prensa también, sin diferencia de colores políticos, con una sola excepción, hasta ahora, ha emitido opiniones opuestas al espíritu de aquélla, y no podía ser menos, dado que las soluciones propuestas por el señor Mullenhoff agravarían las circunstancias, dejándonos en situación peor que la presente. Calcúlese cual habrá sido el efecto de aquel documento, que propone la pérdida de un 31 por ciento en nuestra moneda provincial, cuando el cange está pedido á la par, ó al menos, con no grande quebranto, así se espera, y aun casi podemos afirmar, que en esta última forma se concederá, si no nos engañan los indicios.

Dijimos con una sola excepción, porque hemos notado en *El Popular* de Ponce cierta tendencia á transigir con lo más grave de la circular, mientras que se detiene en pormenores que se refieren á hechos indiscutibles, y que, á la verdad, no afectan á lo principal, que ha preocupado la atención pública.

Examinando aquel colega el espíritu de la mencionada circular, niega precisamente lo que podía muy bien haber concedido sin perjuicio, esto es; que el Comercio de la Isla haya pedido la prohibición de importar plata mejicana; que el Comercio de la Isla haya solicitado el cange. El colega, por lo visto no recuerda ya la reunión general celebrada en la Real Fortaleza, las manifestaciones de la prensa y de los circulos mercantiles, las gestiones de la Diputación y de los Ayuntamientos y otros cuantos detalles que abonan aquellos sucesos y los ponen en la categoría de hechos consumados.

Pero, en cambio, dice, que nada tiene qué oponer á la opinión del señor Mullenhoff, de que se fije un valor de $6.50 á los centines españoles, y 21 á las onzas del mismo cuño, y eso que concluye por reconocer que la solución propuesta por el expresado señor, elevaría los cambios á un 30 por ciento sobre Europa, y á un 35 sobre los Estados Unidos, á saber, un 10 por ciento más de lo que se ha visto en las épocas de mayor alza, y un 25 sobre las cotizaciones más bajas.

El Popular, además, con poco acierto, y pretendiendo colocar á la Capital, con ninguna razón y menos justicia, en perpétuo divorcio con las demás poblaciones de la Provincia, da por sentado, que el señor Mullenhoff ha debido recoger inspiraciones para su circular en la propia Capital. Es don de errar el de *El Popular*. Ya ha visto, por las manifestaciones de estos días, que, lejos de ser así, sucede todo lo contrario.

Y debe ver también que *El Clamor*, su colega correligionario, muy acertadamente, opina hoy, como ayer, en este punto concreto, lo contrario de *El Popular*, tanto en lo relativo á la proposición fundamental del señor Mullenhoff, la cual impugna con calor, cuando en lo referente al cange, su necesidad y conveniencia.

(De E*l Boletin Mercantil*, 20 de Setiembre.)

Lo que interesa saber.

La *Revista Económica*, órgano oficial de la Cámara de Comercio de esta plaza, ha publicado una hoja suelta, refutando la *Circular* del señor Mullenhoff, de que nos ocupáramos en nuestro número anterior. En dicho documento se leen párrafos como el siguiente:

"...La Cámara de Comercio, lamentando que el autor de la *Circular* esté por nuestras leyes, excluído de tomar parte en las deliberaciones, para honrarse discutiendo con él, á la voz, sus ideas en la materia é impugnándolas, *no titubea en aconsejar desde luego que por todos se rechace la proposición que la Circular ha propagado* y que en la necesidad de adoptar algún remedio, *si de las regiones del poder descendieran resoluciones cuyas consecuencias deploramos todos*, todos debemos tener por Mentor la sabia prudencia.

El último párrafo de la circular hace una recomendación que nada tiene que ver con el asunto principal de la misma, ó sea con el agio del oro. Esta recomendación la aceptará el Comercio, dispuesto siempre á apoyar todo cuanto tienda al progreso del país; *suscribirá las acciones, pero rechazar á toda clase de operaciones ruinosas.*"

Ex profeso subrayamos algunas de las frases del colega, porque nos parece que conviene fijar un poco la atención en ellas.

La Cámara prevée que de la metrópoli pudieran descender, en materia monetaria, resoluciones desacertadas, en contra de las cuales habría que pedir auxilio á la prudencia; y para que estas resoluciones puedan sobrevenir, sería necesario que alguien las solicitase; de modo que contra lo que hay que precaverse, es contra los agiotistas que traten de sorprender al Gobierno Supremo, obteniendo concesiones ruinosas, que faciliten negocios como ese de Saenz Hermua, que el órgano oficial de la Cámara recuerda con mucha oportunidad.

Precisamente venía murmurándose, hace algunos días, que los concesionarios del Banco trataban de dirigirse al Gobierno Supremo, solicitando algo que el rumor público no acertaba á esplicar, pero que se contraía á alteraciones del tipo oficial, establecido como descuento sobre la plata mejicana.

Como de este rumor público hubiera sido inútil pedir informes á quien estaba llamado á darlos, tuvimos por conveniente aguardar á que se despejase la incógnita, para abordar la cuestión en la forma que el caso requería. De aquí que hayamos dado á la Circular del Sr. Mullenhoff una importancia que en otro caso no le hubiéramos concedido.

Porque, ya lo hemos dicho en nuestro número anterior, entendemos que cualquier comerciante tiene derecho de ofrecer sus mercancías al público, y la cualidad de extranjero no nos parece que basta á impedir al señor Mullenhoff, ni á ningún otro que en su caso se halle, el dar su voto sobre cuestiones de interés mercantil, es decir, que atañen á su profesión.

Conceder á un extranjero el ejercicio del comercio, hallar buenas las contribuciones que por tal concepto se le exijen, y cohibirle, á la vez, las facultades naturales de contribuir, con su opinión, á ilustrar los asuntos que al comercio se refieran, no nos parece muy correcto. Por lo demás, la cualidad de extranjero no ha impedido que el Gobierno Supremo concediera mancomunidad en la concesión del Banco, al expresado comerciante, y esto creemos que contribuye a dar fuerza á nuestro parecer.

Pero si el señor Mullenhoff como comerciante, se halla asistido de derechos que con gusto le reconocemos, como concesionario del Banco ha de resignarse á que sus actos, en la esfera privativa de dicha Sociedad, sean fiscalizados y comentados por la opinión pública.

De aquí que nosotros nos hayamos fijado en su Circular, en la cual se involucran, como ya indicáramos en el artículo anterior, la recomendación, de que se tomen acciones de dicha empresa, á la vez que la advertencia de que es necesario imponer un descuento oficial crecidísimo á la moneda mejicana, para convertirla en oro español.

Como esto era, poco más o menos, lo que el rumor público atribuía -no sabemos con que fundamento- á los concesionarios del Banco, necesario fue que nos detuviésemos á refutar la Circular, extendiéndonos en algunas consideraciones sobre la situación que á aquel establecimiento viene creándose antes de darse á luz.

Juzgar los términos en que el señor Mullenhoff se dirige al público, y juzgarlos desligadamente del Banco en que dicho señor vá á tomar parte como concesionario, no nos parece conveniente; más bien, entendemos que debe procurarse esclarecer, sin ningún género de dudas, si esa proposición que un concesionario del Banco ha lanzado al palenque de la discusión pública, es la que hace temer á la Cámara de Comercio *que de las regiones del Poder puedan descender, en materia monetaria, disposiciones ruinosas para el país y contra las cuales habría que adoptar un régimen de prudencia.*

Desde que oímos la pretensión de modificar el decreto de instalación del Banco, sustituyendo la plata española por mejicana, hubimos de ponernos en guardia contra esa pretensión, comprendiendo que se trataba de prolongar el estado financiero de nuestra Isla, si fatal en estos momentos, más peligroso cuanto más se tarde en resolverlo.

Estamos conformes en admitir, con cierto articulista del *Boletin*, que es anómalo establecer un Banco con moneda española, en un país en que esa moneda no existe; pero si esa indicación es atendible, cabe recordar, que la concesión del Banco y el acuerdo sobre cange de la moneda, han sido simultáneos, pues aun que el señor Mullenhoff afirma que la Ley de presupuestos no autoriza el cange, reconoce que dicha Ley concluye por admitir que se autorice *á surtir la plaza de moneda nacional, para proveer á las necesidades públicas,* lo que para los efectos de la circulación significa lo mismo.

Sabemos que, en materia de cange, hay diversidad de opiniones; pero nosotros seguimos creyéndolo indispensable, para cortar el agiotaje á que se prestan los pesos mejicanos, que siguen introduciéndose clandestinamente en toda la Isla.

Repetimos de nuevo, que no se nos esconde el perjuicio que el cange puede producir; más, por lo mismo que el mal es grande, hay que estirparlo de raíz, evitándose que, con las introducciones sucesivas de esa moneda depreciada, crezca el detrimento de la fortuna pública, puniéndonos en condiciones de no poder acudir al remedio dentro de algunos años, sin palpar los efectos de una ruina completa.

Cuanto más tarde el Gobierno en surtir de moneda nacional á esta Isla, más acrecerá la existencia de moneda mejicana, que proporciona á los introductores clandestinos, un bonito lucro.

Dejándose de admitir por el Tesoro dicha moneda, y practicando sus operaciones el Banco y emitiendo su papel por la oficial, cesará el empeño de los agiotistas, pues entonces sólo correrán los soles mejicanos entre el comercio, que ya se cuidará *de establecer la verdadera relación entre esa moneda depreciada y la nacional,* computándola por su verdadero valor en el extranjero.

Por esto hemos combatido la instalación del Banco con moneda mejicana. Hay que cortar de raiz el agiotaje monetario, de que ha sido siempre víctima nuestra Isla, y que con la proposición del señor Mullenhoff puesta en práctica, alcanzaría proporciones incalculables.

Obteniendo el oro español en Puerto-Rico una prima de que carece en el exterior, pronto sustituirían las onzas y centines á los pesos mejicanos, y á la pérdida material por el aumento de agio, habría que agregar las perturbaciones que ya hubimos de experimentar, por falta de plata, en los años de 1865 á 67.

Constituir el Banco es, pues, una necesidad; pero *hay que constituirlo bien*. Si para ello necesitan los concesionarios apelar á operaciones ruinosas para el país, fuerza será que desistan de una empresa que, por lo visto, no pueden ellos llevar á cabo.

(De *El Clamor del País*, 20 de Setiembre)

Un interview ciclónico.

Como están de moda los *catecismos* bautizados con el nombre extranjero de *interview*, deseosos de condensar la opinión de nuestro comercio respecto á la famosa idea del Sr. Mullenhoff de elevar el tipo del oro de un modo ficticio, echamos mano de uno de nuestros numerosos (?) *Reporters* y allá lo mandamos en persecución de un respetable y antiguo jefe de una casa mercantil.

He aquí ahora el *interview* que en cifras acabamos de recibir.

REPORTER.-Supongo, Sr. Mio, habrá U. recibido ó cuando menos leído la circular que suscribe D. Guillermo Mullenhoff, esbozando en forma de telegrama todo un empírico plan económico, que resuelva (á su entender) el conflicto creado por la inundación de la plata mejicana que ahoga nuestros mercados.

COMERCIANTE.-Vaya que sí! La he leído. En el primer momento con provocación á la hilaridad. Luego riéndome á todo trapo.

No censuro al colega D. Guillermo porque quie

re hacer un negocio. Pero encuentro que, al parecer, no tiene favorable concepto de nuestra pericia, cuando así tan descarnadamente nos traza un camino lleno de escabrosidades. De su equivocación le habrá sacado enseguida, la enérgica protesta de todo el gremio, apercibido al punto de que no conviene á los intereses del Estado, del tráfico y de la producción, el embrollo que nos propone Mullenhoff.

REPORTER.-Explíquese usted acerca del calificativo "embrollo" aplicado al proyecto hispano-germánico.

COMERCIANTE.-A la vuelta de seis meses, acaso antes, tendríamos aquí un pavoroso conflicto, al lado del cual los perjuicios de la plata mejicana serían un átomo. Los giros se *plantarían* en un 30 por 100, no excediendo de este ruinoso tipo, para que las transacciones en que resultamos obligados á devolver un valor real, no se llevasen á cabo por medio de la moneda; pero sin bajar de ese límite monstruoso.

Figúrese U. á que se reducirían los fondos que los empleados envían á sus ausentes familias. Y qué *sobre precio* no tendría que soportar el público consumidor! Y como el consumo marcha siempre en relación con el precio, aquél disminuiría, en razón directa con el exceso de éste. De donde, disminuyendo las ventas, bajarían las importaciones y ......consecuencia axiomática, los rendimientos aduaneros con que muy principalmente cuenta el Fisco para levantar sus presupuesto de gastos.

REPORTER.-He oído á *alguien* que quizás el pensamiento del Sr. Mullenhoff sea una copia de algo semejante que acontece en la Habana.

COMERCIANTE.-Quien tal cosa diga, ni conoce la Habana ni su comercio, ó confunde lastimosamente la diferencia de cotización entre los Billetes de Banco y el oro. Allí un giro sobre la Península (vea U. cualquiera revista cuesta *en oro* el 6 ¼ por 100, la relacion entre plata y oro no le excede; luego jamás se ha llegado ni llegará á ese 30 por 100 que, indefectiblemente, los produciría *por único beneficio* el proyecto del Sr. Mullenhoff, proyecto que, piadosamente juzgando, no (papel roto...) supinamente cándido.

D. Guillermo ó no se detuvo á pensar lo que hacía ó anduvo mal aconsejado. Créalo U. Pues su práctica mercantil en el país, debió decirle ántes que la opinión, lo descabellado de su intento, máxime cuando no abona su pensamiento la más rudimentaria lógica, y en cambio se trasparente el ánimo de realizar un lucrativo negocio.

REPORTER.-El Sr. Mullenhoff en su circular asegura, que el Comerio de Puerto-Rico ha pedido al Gobierno de la Metrópoli "la admisión de la plata mejicana en las cajas oficiales á 95 centavos el peso."

COMERCIANTE.-Puede U. contradecir en absoluto semejante afirmación. Los esfuerzos todos del comercio puertorriqueño, han tendido y tienden al cange de la moneda circulante por la del cuño nacional; que es lo racional, lo justo y lo patriótico, pues no tiene razón de ser la absorción de nuestro mercado monetario por un cuño extranjero, depreciado y con tendencia á continua baja.

Cuando allá en Madrid se inició el desdichado proyecto de enviarnos *moneda especial*, se manifestó la tendencia de escoger, entre dos males, el menor. Antes que la perturbadora *moneda provincial*, los soles mejicanos.

Pero ántes que el proyecto de D. Guillermo Mullenhoff......¡el diluvio!!!

REPORTER.-Afirma *ex-cathedra* el Sr. Mullenhoff, que "la ilusión que muchos abrigan de que el Gobierno no efectuará el cange, dándonos un peso Español ó á lo menos 95 centavos por cada peso Mejicano, es tiempo ya que sea deschada, porque el Gobierno, según su opinión, nunca podrá satisfacer esos deseos, y además la Ley de presupuestos votada en Córtes no le autoriza para ello".

COMERCIANTE.-Eso es hablar de las estrellas.

El Gobierno ha ofrecido solemnemente el cange en más de una ocasión y lo cumplirá. El dicho del Sr. Mullenhoff carece de toda autoridad, ya que él no tiene poderes para hablar á ciencia cierta *de lo que hará el Gobierno.*

Aquí nadie se ha hecho la ilusión que supone D.

Guillermo. Pues nadie es tan miope, intelectualmente, que piense que los gastos de reacuñación, los supla rumbosamente el Erario.

Más, por alto que fuere el tipo de quebranto en el cange, no llegará á las alturas del 30 por 100 á que nos llevaría en el precio de los giros la *benéfica* panacea descubierta por Mullenhoff.

El mismo, á renglón seguido, desbarata su terrorífica amenaza, diciendo que el Banco surtirá la Isla de moneda nacional.

Si votos ¿para qué rejas? Y si rejas ¿para qué votos?

Si el Banco nos traerá la moneda nacional, sin desequilibrios, ni leoninos y ruinosos avances, no hay porqué, ni para qué, la evolución que pide y aconseja y apadrina D. Guillermo Mullenhoff.

Ahí terminó el interview. Después de tan autorizada opinión, no cabe sino echar una caritativa palada de tierra sobre la tumba del malaventurado proyecto Mullenhoff.

(De *La Nación Española*, 21 de Setiembre).

El complot Mullenhoff.

Quien quiera que lea detenidamente la circular que firma don Guillermo Mullenhoff, comprende, sin necesidad de mucha perspicacia, que los concesionarios del futuro Banco temen no poder establecerlo. El auxilio que piden á gritos y el cebo que ofrecen á los accionistas, indican que por ahora el negocio no dá de sí, y que el fracaso es probable, ya que los reclamos no han producido buenos resultados. Ello no nos afecta grata ni dolorosamente, puesto que esa institución, según puede ser buena, puede que las circunstancias en que iba á establecerse la hicieran una Caja de Pandora, en vez de un cuerno de abundancia.

La otra proposición del señor Mullenhoff, respecto á un tipo subidísimo sobre la plata mejicana, tampoco debe sobresaltarnos: es simplemente un absurdo insostenible, que sólo perjudicaría á los primeros ingénuos que cayeran en el lazo. Ya en la edición próxima anterior hemos demostrado que el precio de la onza y del centín variaría con la fluctuaciones de nuestro mercado, y aún de los agenos, según el tanto por ciento á que estuvieran los giros. Además, ¿quiénes somos nosotros para fijar á la moneda un precio que no tiene? ¿Acaso nuestros mercados, miserables ventorrillos comparados á los de Europa y Norte-América, pueden hacerle la Ley á éstos. Lo que no se fuera en llantos, se iría en suspiros: si acaso se lograra mantener por algún tiempo el valor nominal señalado á la onza, como con el peso mejicano, tendríamos que perder la diferencia en los giros sobre el exterior. Por eso repetimos que nos tiene sin cuidado ese detalle del Complot Mullenhoff.

Pero lo que sí es grave, gravísimo, aterrador si no hubiera medio de contrarestarlo, es lo que hay detrás del proyecto, lo que no se ha revelado todavía, pues la circular no es más que el primer chispazo de la trama, algo como un tanteo á la opinión pública, para trabar luego la batalla.

Una casa importante de esta ciudad recibió una carta de un acaudalado banquero de Madrid, asegurándole que se trata de traer moneda nacional á esta Isla, y declarar entonces fuera de curso la mejicana. En otro establecimiento comercial nos han mostrado la revista que le remite, fechada en Agosto, una casa de la Península; de aquella copiamos el siguiente párrafo: - "En Puerto-Rico se proponen convertir la deuda de los esclavos á un tipo inferior al 50% creando al efecto otra deuda con la garantía de sus aduanas y llevando *3 millones de pesos en plata y oro nacionales*--NO PARA CANGEAR LA MONEDA MEJICANA- SINO DECLARANDO ESTA FUERA DE CURSO

ASÍ QUE SE ENCUENTRE ALLÍ LA NACIONAL."

Si á esto se añade la seguridad con que afirma el señor Mullenhoff que el Gobierno no hará el cange, tiempo que recomienda el alza del oro español, ya se hace más diáfana la incógnita que sólo espera ocasión para descubrirse y caernos encima.

Pero para desvanecer el último átomo de duda, se ha recibido aquí la noticia de que varias casas de la Capital han traído y seguirán importando fuertes cantidades de plata española, que el señor Mullenhoff tiene reunida una suma respetable de oro nacional. Uniendo éstas coincidencias á las anteriormente apuntadas, el complot aparece de relieve, destacándose con toda desnudez su horrorosa catadura.

Hablarse en Madrid de declarar fuera de curso la moneda mejicana, despues de traídos 3 millones de la nacional; asegurar Mullenhoff que el Gobierno no realizará el cange; coincidir con eso la importación de fuertes sumas de moneda española, y necesitar el Banco de hacer, veladamente, ofrecimientos de pingües especulaciones como la que desliza Mullenhoff en su circular, es muy sospechoso, y sobra razón á nuestro comercio para mostrarse receloso y desconfiado.

En efecto, parece como que se ha querido sorprender á la opinión pública con la primera parte de la trama, hacer atmósfera á los proyectos preparatorios del golpe decisivo, y entonces asestar éste tremendo, contundente, irremediable, sorprendiendo al Ministro de Ultramar con el decreto que declare fuera de curso la moneda mejicana, decreto que firmaría el Ministro, ignorando las hondas perturbaciones, el daño espantoso que ocasionaría aquí.

El Gobierno mismo ha fomentado la introducción de la plata mejicana, aceptando el peso mejicano por noventicinco centavos. A la sombra de esa concesión, de que en grande se aprovecharon los mismos que hoy quieren lo contrario, la Isla fué invadida por esa moneda, hasta el punto de que aquí no circula otra. Que luego se pusieran cortapisas á su importación, no quiere decir nada: era tarde: el mal estaba hecho, y el Gobierno no debe, no puede convertir en pedazos de plata, casi sin valor, esos dineros que representan la riqueza circulante de la Isla, que él mismo garantizó como moneda legal.

No queremos creer que un hombre sesudo como el Ministro de Ultramar caiga en el lazo que le han armado, sobre todo, cuando le alerten desde aquí; pero si llegara á firmar el fatalísimo decreto, como por encanto se desvanecería el resto de la riqueza que nos queda. De repente todo el efectivo en caja de los que no están en el secreto, quedaría mermado de un modo ruinoso. Aún salvarse, porque como ya estaría aquí toda la moneda nacional necesaria para el movimiento mercantil de la Isla, la mejicana no tendría otra salida que la venta para ser exportada. Puede asegurarse que nunca subiría de setenta centavos el peso, y que bajaría á mucho menos, porque el negocio lo monopolizarían, en toda la Provincia, unas cuantas casas poderosas.

Horrorosa sería la perspectiva, si no hubiera medio de desbaratar la odiosa trama. Afortunadamente, aún alcanza el tiempo. Allí, en Madrid mismo, donde los agiotistas pensaron ganarla y atiborar sus cajas con la riqueza pública de esta Isla, puede destruirla como una tela de araña nuestro Comercio, si mantiene, mientras dure esta campaña, la misma actividad y energía que en los primeros momentos. Como todas las cosas malas, la segunda parte del proyecto de Mullenhoff y Compañeros," sólo puede realizarse entre tinieblas, y basta hacer un poco de luz, para que se aparten avergonzados los hombres públicos, comerciantes, etc. que pudieron colaborar en la farsa, engañados por el canto de la sirena.

El complot es grave. Rematado con fortuna, la agravación mortal de la crisis que sufre la Isla, sería segura. Tres millones de moneda española que traería el Gobierno, y uno los conspiradores, expulsarían, hasta de las transacciones menudas, la plata mejicana que tenemos. A Santo Domingo podríamos man(papel roto...¿dar?) 50 ó 60 mil pesos á lo más, y los millones resta [papel roto] cotizarían como plata vieja, á menos preci [papel roto] las bolsas de París, Londres y Nueva-York, para exportarla con destino á esas plazas.

Francamente, los autores del plan no tienen conciencia, ni tienen pizca de amor á esta tierra. No pretendemos que el comercio sea escrupuloso hasta la santidad; pero tampoco debe descender á un egoismo cruel y desalmado.

Escritas las anteriores líneas, llegó el correo de la Capital. La prensa de esa ciudad confirma nuestras noticias respecto al oro que tiene en Caja el Sr. Mullenhoff y critica luminosamente lo *visible* de la circular; pero, no se ocupa de lo *velado* en que está el verdadero, el gran peligro. Fíjense en el párrafo copiado de la revista de una casa de comercio de la Península; averigüen si en la Capital hay cartas ú otros escritos que la confirmen, é indaguen entonces las afinidades que puede haber entre el Banco, la circular Mullenhoff, y el proyecto de declarar fuera de curso la plata mejicana.

Es preciso poner el grito en el cielo, para que nadie deje de oirnos y fracase la emboscada alevosa que nos han preparado.

(De *El Resumen*, 21 de Setiembre).

Cuestion monetaria.

Nuestros lectores conocen, por haberse ocupado de ello la prensa de la localidad, la mala impresión que causó en Mayaguez una circular del Sr. Don Guillermo Mullenhoff, comerciante respetable de la Capital, proponiendo al comercio ciertas combinaciones inaceptables, con la cuales, según él, se podría dar un [papel roto] la cuestión monetaria del país.

Y conocen también nuestros lectores los detalles de una reunión habida en el escritorio de los Sres. Plaja y Bravo, el lúnes en la tarde, día en que se recibió aquí la circular, y el telegrama mandado poner allí mismo con las principales firmas de esta Plaza, al dicho Sr. Mullenhoff, protestando contra sus proposiciones de todo punto inaceptables.

Por si nuestros abonados quisieren recordarlas, he aquí las citadas proposiciones que en la circular de referencia se hacían al comercio de la Isla: Adoptar en general de una vez el valor del centín por $6 50 y la onza española por $21 mejicanos, como medio de dejar, dice, sentado el patrón de oro para las transacciones en general "por que así tendríamos los cambios por giros de oro, bastante fijos, evitando fluctuaciones desastrosas para el importador sin grandes recursos y para los hacendados ó agricultores etc. etc." Es decir un cambio rápido de moneda con pérdidas análogas á las que sufrimos cuando el cange de la macuquina y cuando, con autorización del Gobierno, se pusieron á la circulación los pesos mejicanos en el país.

Nuestra opinión respecto del cange de moneda, -que es idéntica á la del comercio y la mayoría de los agricultores é industriales de Mayaguez,- la conoce todo el mundo y fue la misma que nuestros representantes sostuvieron en la reunión de Aibonito. Estábamos y estamos por el *statuo quo*, mientras no se pueda encontrar una solución mejor, ó mientras el país no se halle en mejores condiciones para soportar las consecuencias de la transición.

Comprendemos que para que pueda llevarse á cabo el establecimiento del Banco de emisión y descuento, que juzgamos un adelanto para el país, el cange de la moneda se hace necesario, toda vez que aquel establecimiento de crédito tendría que hacer sus transacciones en moneda nacional, la cual apenas tiene circulación en la Provincia. Pero entendemos que ese cange debe hacerse de modo que no afecte los intereses generales de los asociados, ó al menos que si los afecta sea lo menos posible, que no estamos para tafetanes ni en condiciones de sufrir desequilibrios económicos.

¿Tiene la moneda mejicana mejor ley que la española? Pues que el Gobierno recoja aquella y la funda en el cuño nacional y que lo que pueda resultar en pró ó en contra por gastos de acuñación y ley de peso, se abone ó cargue al país. Sería lo justo y lo racional y lo único que haría menos sensible la transacción sin afectar intereses creados, y perfectamente legales.

La proposición del Sr. Mullenhoff es demasiado violenta y afecta muy directamente á todos los gremios de la Provincia. Los que en las transacciones generales tenemos pesos mejicanos recibidos, podríamos decir á la par, entre ellos los comerciantes, agricultores é industriales en pequeña escala, á título de que habríamos de cambiarlos á razón de $21 la onza española y $6-50 centavos el centin? A cien soles mejicanos los llamamos cien duros, los que no hacemos operaciones bancarias, y los que los han recibido en pago de frutos ó jornales y hasta los mismos empleados por concepto de sus haberes. ¿A título de que habríamos de cambiar esos cien duros, perdiendo cinco ó seis en cada onza? El agricultor que paga 50 centavos de jornal á sus peones, ¿le pagaría menos el día que la onza española valiese veintiun pesos mejicanos?

Los que tienen pequeñas cantidades para atender á sus gastos indispensables, gastos que serán más ó menos los mismos con patrón de oro que con el actual patrón, ¿porqué habrían de sufrir el desequilibrio que propone el Sr. Mullenhoff, desequilibrio que al afectar á los pequeños, podría servir como buena operación busátil á los que estuviesen en disposición de importar oro para comprar plata mejicana?

Y mirando el asunto bajo el punto de vista puramente mercantil, razones hay de mucho peso para no aceptar las proposiciones del Sr. Mullenhoff, razones que muy bien defiende *El Anunciador Comercial* de esta ciudad. Aquí donde los giros bajan cuando hay abundancia de oferta, como generalmente sucede en los tiempos de cosecha, no hay para que hacer los sacrificios que se proponen. Además, dichos giros tendrán que abaratarse en breve, cuanto principien los trabajos del ferrocarril de circunvalación, por que aquella Compañía tendrá que venderlos en gran cantidad para pagar á sus empleados y breceros en plata mejicana, plata que no se importará de Europa, donde el peso mejicano se cotiza en Lóndres un centavo de peso más caro que el peso de plata española.

El Comercio de Mayagüez ha hecho muy bien pues, en tomar la actitud que ha tomado, al recibir la circular del Sr. Mullenhoff y protestar contra ella. Y hará mejor, si en defensa de los intereses generales del país, acordase oponerse dentro de los términos legales, á todo lo que no sea cangear, peso por peso, la plata mejicana por la española, que se quiere importar. Porque ya lo hemos dicho: no está la reina para tafetanes ni el país en condiciones de sufrir pérdidas, como los que indebidamente sufrió cuando el cange de la macuquina y cuando la introducción de la moneda mejicana en el país.

Si el cange no pudiere hacerse en esas condiciones, ya lo lo hemos dicho antes de ahora y lo dijeron los representantes de Mayagüez en la reunión de Aibonito; preferimos el *statuo quo* por que de dos males, siempre que haya necesidad de escoger, debe preferirse el que menos daño cause.

Así pensamos y así creemos que pensarán todos los que vean las cosas bajo su verdadero punto de vista y sin apasionamientos ni miras especulativas.

(De *La Unidad Nacional*, 22 de Setiembre.)

Crónica del día.

Nunca se ha manifestado mayor unidad de miras con respecto á una cuestión cualquiera, que la que demuestran en los actuales momentos todas las clases de nuestra Sociedad, (y muy especialmente las interesa-

-60-

das de un modo directo) en contra de la circular de don Guillermo Mullenhoff.

El comercio de todas las clases y diversas poblaciones ha levantado su voz en son de protesta, la prensa, sin distinción de opiniones, ha analizado la circular á la luz de la razón y ha patentizado los absurdos que encierra.

De una de esas manifestaciones periodísticas hecha por nuestro apreciable colega *El Resumen* de Mayagüez, vamos á tomar acta, por considerar de trascendencia las declaraciones que encierra.

Después de refutar victoriosamente, cuanto acerca del valor del oro contiene la aludida circular, se expresa nuestro estimado colega en los siguientes términos. [1]

Graves, gravísimas son las declaraciones del periódico mayagüezano, y confesamos ingénuamente, que la primera impresión que nos causaron fue la de la incredulidad.

Con efecto; no podemos creer que un gobierno que se estime en algo realice semejantes proyectos, en contra del bien y la prosperidad de todo un pueblo.

Además, no podemos creerlo, porque el cange de la moneda está sancionado por una ley, á la cual las Córtes del reino han impartido su aprobación, cual es la ley de presupuestos, y no creemos que haya ningún poder administrativo superior á las decisiones del poder legislativo, sancionadas con la aprobación del jefe del Estado.

Sin embargo, el colega añade en corroboración de sus afirmaciones lo siguiente: [2]

En vista de lo anterior y admitiendo la posibilidad de que en las sociedades modernas existan poderes *ocultos, misteriosos é irresponsables* que impongan su voluntad á los gobiernos, convenimos con el colega mayagüezano en que la situación es gravísima, la crisis á se quiere abocarnos desastrosa, y necesario es poder el grito en el cielo á fin de que nos oiga, quien pueda y deba oirnos.

(De *El Clamor del País*, 27 de Setiembre)

[1] Véase la página 53.

[2] Véase la página 54.

El proyecto Mullenhoff.

De palpitante interés para el porvenir financiero de Puerto-Rico, todo cuanto se relacione con el complejo problema monetario, merece que nuestro comercio fije su cuidadosa atención, en esta grave noticia que hallamos en un editorial de *El Resumen* de Mayaguez: [1]

Tan monstruoso es el dislate que envolvería esa idea, que nos resistimos á creerlo. Máxime cuando repetidamente el Gobierno ha empeñado su palabra de llevar á cabo el cange.

Y si la plata mejicana adquirió en la circulación, un valor que no tenía entonces, ni tiene hoy, ni podrá obtener luego, fue por una resolución gubernamental que vino a favorecer una negociación particular: la famosa Saenz Hermua con los bonos del Tesoro por la indemnización á los dueños de los esclavos manumitidos. Por lo cual, noción trivial de justicia y buena administración es, que al Gobierno le toca enmendar el yerro en lo que posible fuere, puesto que los daños inmensos producidos por los pesos mejicanos hasta los tiempos presentes, esos quebrantos, por desgracia, son irreparables.

Fíjese el comercio, y el país todo, en lo que enuncia el periódico mayagüezano. Que es grave, gravísimo, y debemos estar muy alerta, muy prevenidos.

Efectivamente, la Circular del señor Mullenhoff reviste mayor alcance del que á primera vista parece. Sea propia la idea que en tal documento se lanza, sea sugerida y *un tiento* á la opinión, es el caso que mientras más se la aquilata y depura su fondo, más se trasluce algo que no salió á la superficie, y que merece ponerse en claro.

[1] Véase la página 53.

Algo con el sentido expuesto presiente el comercio, cuando el tipo de los giros ha subido un 4 por 100 desde que salió Mullenhoff á pedir pareceres sobre su proyecto. El aumento del precio de giro, dice demasiado, que nuestra experta clase mercantil recela haya tras la Circular de su colega D. Guillermo Mullenhoff, algún hilo de Ariadna.

¿Qué misterio será el que envuelve el proyecto, rechazado al unísono por el comercio, los particulares y la prensa? Pudiera estar en relación con lo que dice *El Resúmen* ó pudiera ser otro el velado desenlace ó fin?

Más lo que está fuera de duda es que el proyecto del Sr. Mullenhoff, no se reduce á una idea echada así al azar, coja y sin ninguna base. Por el contrario, traduce un plan maduramente concebido, con orígen y fin determinados. Cual sea este *fin*......quizás no tarde en sacarlo de la oscuridad el poderoso motor de la opinión.

Entre tanto es menester se esté muy alerta el comercio puertorriqueño, para inutilizar cualquier corriente atentatoria á los intereses generales.

(De *La Nación Española*, 28 de Setiembre.)

La cuestion monetaria.

Continúa aun discutiéndose sobre tan vitalísima materia, concretándose al cange de la moneda circulante, que hoy tenemos, y para nosotros, lo mismo que para todo el que conoce las gestiones de la Isla, los decretos del Gobierno y las leyes de las Cortes, acerca de este particular, es y debe ser ya aquélla una [papel roto] ión resuelta.

[…papel roto] Ley de presupuestos vigente, dice en su artí [papel roto] El ministro de Ultramar, de acuerdo con

-63-

el de Hacienda, PROCEDERÁ á surtir de moneda de todas clases los mercados de la Isla, en la cantidad que estime necesaria para las transacciones, aplicando á los gastos que este servicio exija las *utilidades que puedan resultar* de la acuñación en la Casa de Moneda de Madrid, por cuenta del Tesoro de la Isla, entendiéndose desde luego *concedido el crédito* indispensable, si éstas (las utilidades de la acuñación) *fueran bastante*, ó se optase por remesas de la moneda hoy circulante en la Península."

Según se deduce de la simple lectura del artículo que dejamos transcrito, el *cange* no sólo está autorizado, sino que, además, está ordenado terminantemente, pues las Cortes disponen que el señor Ministro *proceda á surtir* los mercados de la Isla de moneda de todas clases, y esto presupone, por necesidad, el *cange*. Es mandato tan imperativo aquél, que hasta se concede por el mismo artículo, como también se ha visto, el crédito necesario para la operación, si fuere necesario. A la vez se indica el procedimiento, de un modo claro, y es el de la acuñación en la Casa de Moneda, dejando entrever que el cambio no ha de sernos gravoso, toda vez que se dice que se apliquen á los gastos de este servicio las utilidades que resulten de aquella operación. Por sabido tenemos que la moneda de plata hoy circulante aquí, que ha de ser cangeada, es de ley superior á la española, y, por lo tanto, debe suponerse, y así también lo suponen las Cortes, que las referidas utilidades compensarán los gastos necesarios del servicio. En todo caso, si, lo que es probable, la compensación por aquel medio no se diese, muy cortas serían las diferencias que habría que abonar.

Vése por el texto de la ley que las Cortes se inclinaron al procedimiento empleado con la moneda *macuquina*, allá por los años de 1857. Entonces se hicieron remesas de plata, para recoger, como se verificó en un plazo prefijado, la que circulaba, acordándose el descuento de un 12½ % para gastos del cange descuento que no deberá tener lugar hoy, por ser [...papel roto] Tintas las circunstancias, supuestas la mejor l [...papel roto] moneda cangeable y las utilidades que pued [...papel roto] el Gobierno de la acuñación; estas utilidades están reconocidas por la misma ley.

Esto, en cuanto á la plata. En cuanto al oro, que en cantidad proporcional debe venir, como se solicitó, ya el Gobierno nos ha orientado visiblemente de sus propósitos, preguntando por el cable á nuestros centros, si estaríamos dispuestos á recibir el oro al 6 %.

Por consiguiente, la cuestión del *cange* es cosa resuelta definitivamente, á menos que las leyes sean letra muerta. Y es error suponer que no se llevará á cabo, cuando las Cortes lo tienen ordenado, y el Gobierno reconocido hasta en los más mínimos detalles de ejecución.

En vista de todo, es muy extraño, á la verdad, que no se haya avanzado más en asunto de tanto interés y tanta urgencia, y no adivinamos los motivos que pueda haber para tal estacionamiento, como no sean los que ya indicamos en el editorial anterior, á saber: las gestiones que desde aquí se han hecho por una minoría en contra del solicitado cange.

Mas es indudable que, dada la ley, urge su cumplimiento, y más, reclamándolo imperiosamente las necesidad. El bien público requiere que las monedas tengan valor constante, fijo y reconocido. De otro modo, dice un estadista, pocos se atreven á comerciar, hácense inciertos los contratos y los tributos, resultan engaños, se originan cálculos equivocados, y dáse pábulo á negociaciones ruinosas y á inmoderados ágios, que, si son útiles al particular, disminuyen, en cambio la fortuna general.

La Isla de Cuba y la de Puerto-Rico, en lo que va de siglo, han sido teatros de grandes debates para corregir los males que el inesperado aumento ó súbita decadencia de los valores públicos han ocasionado en los intereses públicos, y el Gobierno ha ideado siempre el medio de atajarlos. Otra vez éstos se han presentado con insistencia, y hora es ya de que se contengan de un lado los abusos, y del otro los perjuicios, simepre crecientes.

Por último, y lo repetimos, son muchos los inconvenientes que resultan de que una provinicia espa-

-65-

ñola como ésta no haya más moneda circulante que la extranjera. El cange inmediato, por razón de la ley, como por motivos de necesidad, se impone de una manera imperiosa.

A mayor abundamiento.

Insertamos la siguiente réplica, que sobre el mismo tema de nuestro editorial, se nos dirige desde Mayagüez, dedicada á "La Balanza," sobre la circular del señor Mullenhoff.

Héla aquí:

Al señor *Alpha* de *La Balanza*.

San Juan.

No es Puerto-Rico, señor autor de "La Cuestión Mullenhoff," un país á merced de los caprichos de la especulación, sin garantías de un Gobierno protector; ni falta aquí tampoco el juicio recto y la razón fría para apreciar el alcance de ciertos proyectos, que tienden á beneficiar á uno, para destruir la riqueza de todos, adquirida con esfuerzos que el logrero desconoce.

Provincia española esta Isla, debe contar con un signo monetario nacional; y no existiendo hoy en ella ese numerario, en poco ni en mucho, el Gobierno metropolítico, que ha autorizado los pagos todos al Tesoro, en plata del cuño mejicano, valorando cada uno á razón de 95 centavos españoles, á él, exclusivamente á él, corresponde dar á esta agitación económica que nos perturba, una solución, que, salvando los intereses del Estado, libre á este país de una baja en sus valores materiales, así agrícolas como comerciales especialmente.

¿Podría el Gobierno negarse á este paso justísimo puesto en duda por el señor Mullenhoff, y negad [...papel roto] el escrito á que aludimos?

No, de ningún modo podemos creerlo, por decoro á su propio nombre, y, lo que es más, afirmamos, que cumplirá lo preceptuado en el artículo 6º. del Decreto Ley aprobatorio del presupuesto corriente de 1888-1889, que le autoriza para proceder á la acuñación de moneda nacional con destino á esta Isla, cargándose á sus presupuestos los gastos que origine la operación; es decir, pagando nosotros mismos todo gasto, que hallaría su compensación, al canjearse la moneda, en la diferencia de ley entre la nacional y la mejicana, inferior á la primera, ó en un tanto por ciento, que cubriese todo lo gastado para el Estado y mucho menos para los especuladores, familia dispuesta siempre á hallar en los errores económicos un medio para explotar los pueblos.

El Gobierno español no contrae responsabilidad alguna con la realización del cange, y aun extremando la suposición, si así fuese, la responsabilidad ministerial estaría á cubierto con la actual ley de presupuestos votada en las Cortes del Reino y sancionada por S.M.; pero mayor recaería sobre él por haber admitido ayer la moneda mejicana en las arcas públicas con un tanto por ciento de equivalencia á la nacional, y negarse mañana á aceptar otra que esta última, cuando aquí no existe, ó elevando á un tipo dicha moneda que alcanzase la fabulosa meta á ha llegado el señor Mullenhoff.

Los agricultores, el comercio, la Isla entera, en fin, deben elevar su voz ante el Gobierno provincial y el de la Nación, ya por medio de la prensa, ó ya de sus representantes en Cortes, con el firme intento de impedir la torcida tendencia que se observa, para impedir los propósitos que estimamos en el señor Ministro de Ultramar, que debe ser, sin duda alguna, cangear nuestra actual plata por la nacional, pues el fin de la especulación no es otro sino el de formar una opinión fuera de aquí, ya que Puerto-Rico sabe lo que le con-[papel roto...¿viene?], después del tanteo que á la opinión se ha hecho [...papel roto] habrá pasado desapercibido al mismo Gobierno, [...papel roto] más que á nadie, conviene el adelantamiento de la riqueza del país y poner así una valla á los especuladores, que suponen, sobre nuestra inercia é ignorancia, realizar pingües beneficios á costa de nuestro trabajo y del bienestar presente y futuro de este pueblo.

(De *Boletin Mercantil*, 29 de Setiembre.)

La Circular del Sr. Mullenhoff.

Con el título que encabeza estas líneas, nos ha enviado el artículo que sigue una persona muy competente en asuntos económicos. Como por esta circunstancia su opinión merece ser tomada en cuenta, nos place dar cabida en el folleto á su bien razonado escrito.

Dice así:

El señor D. Guillermo Mullenhoff, comerciante establecido en la Capital, y uno de los concesionarios del Banco de emisión y descuento que vendrá á sustituir al *Crédito Mercantil*, ha dirigido una circular á los hacendados, comerciante é industriales de ésta, convidándoles á que se interesen en el buen desarrollo del futuro Banco, tomando acciones de dicha sociedad. Los argumentos que el señor Mullenhoff aduce para atraer accionistas, son algo singulares. Dice que ha llegado el momento de efectuar el cange de la moneda mejicana, por moneda española, que el Banco es el llamado á facilitar la transición de un sistema monetario á otro, y que desde luego debemos prestar á aquel establecimiento toda nuestra cooperación. Añade el señor Mullenhoff que en su opinión (no dice humilde, lo que le agradecemos) el tipo que debe adoptarse para el cange es el de

$6.50 por centín, ó sea 30 p00 de cambio, y

$21 por onza española, ó sea 31¼ p00

Nótase que en la actualidad se pagaban:

$5-75 por centín, ó sea 15 p00 de cambio, y

$18 por onza española, ó sea 12½ p00 de cambio.

Para justificar la enorme diferencia entre los cambios actuales y los que propone el señor Mullenhoff, cambios estos últimos que serían la ruína de la Isla, parte aquel señor de las siguientes premisas que el comercio de *toda* las Isla solicitó sucesivamente del Gobierno:

1º.-La admisión de la plata mejicana en las cajas oficiales, á 95 centavos el peso;

2º.-La prohibición de la introducción de dicha plata;

3º.-El establecimiento de un Banco de emisión y descuento;

4º.-El cange de la moneda;

puntos todos que negamos rotundamente.

Cuando á fines de 1878 y á principios de 1879 comenzaron á circular, con alguna abundancia, en esta Isla los pesos mejicanos, no faltaron voces previsoras que llamaran la atención hácia el peligro que presentaba la introducción de esa moneda, y aconsejaron que no fuese admitida esa moneda en las oficinas del Estado. Prevalecieron otras influencias, sin que en nada interviniese el comercio todo de la Isla, y recayó la Real Orden de 22 de 1879, en virtud de la cual se admiten los pesos mejicanos en la Aduana y demás oficinas nacionales por 95 centavos españoles. En dicha época, un periódico adicto al Gobierno, y que más tarde declaró que eran de Ley deficiente los pesos mejicanos de 1879 y 1880, publicó un artículo en le que demostró por A+B, que los pesos mejicanos eran de mejor Ley que los pesos españoles, punto éste sobre el cual volveremos más tarde. Basados en esta R.O. de 22 de Febrero de 1879, fue que los que realizaron la negociación Saenz Hérmua, negociación que consideramos perfectamente legítima y comercial, tragéron á esta Isla más de un millón de pesos mejicanos, que de otro modo habrían tenido que pagar en plata ú oro nacional.

No sabemos tampoco que el comercio *todo* de la Isla solicitara la prohibición de la moneda mejicana, medida que, en nuestra opinión, dio muy buenos resultados, produjo alguna estabilidad en nuestro sistema monetario; haciendo que los cambios fluctuaran sólo dentro de los límites que determina la mayor ó menor exportación de productos del país -fue una medida en cierto modo análoga á la adoptada por la Unión Latina cuando ésta resolvió no acuñar más monedas de 5 francos.

Es cierto que se ha escrito con frecuencia sobre la utilidad que podría reportar la Isla de un Banco de emisión y descuento; pero los que solicitaron últimamente su establecimiento, fueron un pequeño número de indivíduos; representantes de una sociedad que ha prestado poco ó ningún servicio á este país; no se solicitó para nada el concurso del comercio.

Respecto al cange de la moneda mejicana por la de cuño nacional, *todo* el comercio de la Isla se declaró adverso á la medida, á excepción del de la Capital.

Son, pues, del todo inexactos los datos de que parte el señor Mullenhoff para establecer sus famosos tipos de cange.

Dice el señor Mullenhoff que los que han abogado por el cange, se han hecho la ilusión de que el Gobierno lo efectuaría dándoles un peso español, ó á lo menos 95 centavos por cada peso mejicano; que, según su opinión, el Gobierno nunca podrá satisfacer esos deseos; que además, la Ley de Presupuestos votada en Cortes, no le autoriza para esto. Quisiéramos que el señor Mullenhoff nos informase si las Cortes han votado contra el cange de la moneda; quisiéramos que nos informase qué menoscabo sufriría el presupuesto, si el Gobierno nos diese cuando menos 95 centavos de plata española, por cada peso mejicano: en la Real Orden de 6 de Agosto de 1881, publicada en la Gaceta de 5 de Setiembre de 1881, se dice clara y terminantemente que con esta resolución (la de aceptar las oficinas del Estado los pesos mejicanos por 95 centavos españoles) *nada pierden el Estado ni el comercio ba* [...papel roto...¿bajo el?]

punto de vista económico. Efectivamente, el peso español pesa,

25 gramos, y su Ley es de 900 milésimas, es decir, que contiene 22-50 gramos de plata pura, que el Gobierno recibe en sus oficinas..$1.-

El peso mejicano, según el *Annuaire du Bureaux des Longitudes* pesa,

27 gramos, y tiene la Ley de 907 milésimas. De los ensayos practicados en la casa de moneda de Madrid, y á los que se refiere la citada Real Orden de 6 de Agosto de 1881, resulta el peso mejicano pesando 27 gramos, y su Ley de 903 y 905 milésimas. Adoptamos entre los tres datos el término medio; la Ley es entonces de [de] 905 milésimas, y el peso mejicano contiene 24-435 gramos de plata pura, que deberían valer...$1,086

Es decir, que el peso mejicano vale intrínsecamente 0.086 más que el peso español, diferencia que cubre ámpliamente los gastos de acuñación, flete y aseguro de la moneda de plata española que importe el Gobierno á la Isla, y de la plata mejicana que extraiga para la Península; de manera que con esta medida en nada vendría á gravarse el presupuesto.

Se preguntará como es que los pesos mejicanos, teniendo un valor intrínseco mayor que los españoles, se cotizan sin embargo á la par en el comercio y en las oficinas del Estado, tanto en España como en sus posesiones ultramarinas, privilegios de que no goza el peso mejicano, que desde luego adquiere aquél un valor artificial. Sucede en España con el peso español, lo que en otros países con la moneda de papel: Tomando dos pliegos de papel; pero que un Gobierno estampe en el papel ordinario, la cláusula siguiente:

"Vale al portador por un peso que será admitido en todas oficinas del Gobierno en pago de toda clase de contribuciones y derechos". Desde luego adquiere el papel

ordinario un valor donde se envíe. Así mismo tomamos dos pedazos de plata, uno pesando 27 gramos y con Ley de 905; otro pesando 25 gramos y con Ley de 900 es evidente que aquél vale más que éste. Pero que el Gobierno español traspase el pedazo de 25 gramos á una de sus casas de monedas, que lo acuñe poniéndole la efigie nacional y que desde luego lo reciba en todas sus oficinas por un peso, miéntras que rechaze el pedazo de plata de 25 gramos, es claro que la plata inferior habrá adquirido un valor artificial, que en sí, y por sí, no tiene. Lo que pedimos es que para nosotros se efectúe este milagro de la acuñación, que si hay que hacer cange, compre el Gobierno, digamos, 100,000 kilos pasta de plata, con Ley de 900; que mande á transformar esta pasta en pesos españoles, y que nos los remita, dando nosotros en pago 100,000 kilos de plata en pesos mejicanos de Ley de 905. El valor intrínseco de estos últimos, como ya hemos demostrado, cubre ámpliamente los gastos de acuñación de la pasta de plata con Ley de 900, los de refundición de los pesos mejicanos, los fletes y seguro. Eso es elemental. Y esta solución de un problema, en apariencia difícil, es la única justa y equitativa, la única que no produce trastornos y evita la ruina de una provincia leal y digna de todas consideraciones.

Esto lo debe saber perfectamente el Sr. Mullenhoff: esto se declara terminantemente en una Real Orden, cuando se dijo, *que nada pierde el comercio bajo el punto de vista económico.*

No comprendemos, pues, á que viene esta especie del Sr. Mullenhoff: que el Gobierno con el Banco español "surtirán la Isla de moneda nacional suficiente para sus necesidades, que desde luego deber de ella es reconocer el verdadero valor del oro y la plata nacional."

El valor verdadero de la plata española para nosotros es el que le dio una real orden; es el de 95 centavos españoles por cada peso mejicano. -No necesitamos oro; el que se traiga á la Isla, desaparecerá [...papel roto] to, cualesquiera que sean las medidas que s [...papel roto] estamos habituados á la plata, déjesenos la [...papel roto] soluciones que se pueden imponer á los más débiles, esto es cierto, pero creemos que antes de arruinarnos de una plumada, se meditará, se pensará. Las manifestaciones respetuosas dirigidas al Gobierno son oídas, y producen sus buenos efectos. Lo que es insufrible, lo que es insoportable, lo que no se puede calificar con bastante dureza, es que, para satisfacer miras personales, se vengan á proponer proyectos descabellados. Si desgraciadamente éstos llegaran á realizarse, se verificaría para cierta institución esta palabra de la biblia: *Væ solis*.

LA CUESTIÓN MONETARIA

EN

PUERTO RICO

POR

ENRIQUE VIJANDE

MADRID

TIPOGRAFÍA DE MANUEL GINÉS HERNÁNDEZ
IMPRESOR DE LA REAL CASA
Libertad, 16 duplicado

1889

LA CUESTIÓN MONETARIA EN PUERTO RICO

Las difíciles circunstancias que ya de largo tiempo viene atravesando la provincia de Puerto Rico exigen, con gran imperio, que se aborde decididamente la solución transcendental que ha de normalizar la vida económica de aquel país. No se trata ya de una ecuación, porque son de todos conocidos sus términos y no hay misterio que descifrar; trátase pura y simplemente de prescindir de escrúpulos y preocupaciones de escuela, poniendo, con los ojos fijos en la prosperidad de una amada porción de nuestra patria, empeño decidido en dominar la crisis profunda que se deja sentir en el seno de la pequeña Antilla, y que se refleja de manera ostensible en su vida interna y en las relaciones mercantiles que sostiene con todas las naciones; trátase, en una palabra, de llevar á cabo con rapidez, con la urgencia que demanda la gravedad del mal, la unidad monetaria, establecida en la ley, preconizada por cuantos se ocupan de estas importantes cuestiones, y reconocida como la única medida salvadora de los intereses presentes y del porvenir de aquella lejana provincial.

Bien manifiestos están para la mayoría de las gentes los esfuerzos consagrados á esta importantísima cuestión, pero ha de sernos permitido recordar algunos antecedentes que consideramos indispensables para estudiar el asunto en sus principales fases.

I

Suspendidas las sesiones de Cortes, y avivada la expectación de los habitantes de Puerto Rico con las patrióticas explicaciones del Sr. Ministro de Ultramar, en la sesión del Congreso de los Diputados de 13 de Julio último, á preguntas y ruegos del Sr. Lastres, relacionados con el problema monetario de Puerto Rico, nos creemos en el caso de contribuir en la medida de nuestros limitados conocimientos, pero con el empeño que produce la convicción profunda y la fe en la bondad de la causa que sustentamos, á popularizar, difundir y patentizar todos los datos; los argumentos en que se apoya la pretensión de Puerto Rico para conseguir del Gobierno de la Metrópoli una disposición favorable en la cuestión que nos ocupa, no solo porque le amparan las leyes vigentes, sino también porque así lo demandan de consuno las necesidades económicas y políticas de aquella perla de nuestro antiguo poderío colonial.

Nadie hay que ignore las azarosas circunstancias por que atraviesa actualmente la provincia de Puerto Rico, en este vital asunto de su régimen económico. Y para resolver el que se ha presentado como pavoroso problema monetario, solo falta una voluntad decidida y enérgica y la resolución inquebrantable de reparar injusticias y de volver por los fueros de la ley sin demoras ni aplazamientos, que dañan y aumentan la gravedad del mal.

Poco importa que un pequeño número de obcecadas entidades, cerrando los ojos á la luz de la evidencia y sacrificando, sin darse cuenta de ello, la conveniencia general del país á los propios intereses mal comprendidos; poco imparte, repetimos, que se opongan por todos los medios imaginables á la pronta consumación del acto de la unificación monetaria: hoy son ya, por fortuna, muy contadas esas entidades, y pronto es de esperar que el amor al país desvanezca sus errores y sus preocupaciones.

Fué á principios del corriente año cuando al ver que la necesidad de la unificación de la moneda se dejaba sentir cada vez más por las dificultades de las transacciones y notando que en las esferas oficiales no se concedía atención ni se practicaban las gestiones que habrán de producir el resultado apetecido, nos hemos propuesto solicitar el concurso de todas aquellas personas que por sus intereses, su posición ó sus compromisos pudiesen coadyuvar, cada cual en su esfera de acción, al éxito que tanto importa á los intereses generales de Puerto Rico.

Y, en efecto, aunque fuese innecesario para su reconocido celo y patriotismo, dirigimos la siguiente epístola circular

«*A los Sres. Senadores y Diputados por la provincia de Puerto Rico.*-Muy señores míos: Hallándome accidentalmente en esta corte representando la Cámara de Comercio, Industria y Navegación, y como uno de los concesionarios del Banco Español de Puerto Rico, prescindiendo del carácter que me atribuyen las referidas representaciones, y haciendo uso únicamente del que me confiere mi condición de comerciante, establecido en la capital de la pequeña Antilla, con veintiocho años de experiencia en los asuntos mercantiles de aquel país, me tomo la libertad de dirigirme á V.V. S.S. para expresarles, con verdaderas y sentidas frases, la precaria situación que en la actualidad atraviesa la provincia con motivo de la falta de resolución en el vital problema monetario, que es hoy el más urgentísimo de cuantos pueda haber, para evitar grandes males á aquel comercio en particular y al país en general

» Omito reproducir aquí el antiguo historial de este asunto, tan dilucidado ya en un período de diez años por los centros mercantiles, las autoridades, la prensa de aquel país aun la de esta corte, siendo unánimes las opiniones respecto á la necesidad, urgencia y justicia de llevar á cabo la unidad monetaria entre aquélla y estas provincias hermanas, según ley de 12 de Octubre de 1868 vigente, resultando en aquel lapso tan sólo una nota discordante, la de la Asamblea de Aibonito, por más que en el fondo no tuviera aquella nota la verdadera resonancia que le correspondía, por las razones siguientes: en la referida Asamblea, que se componía de hacendados de caña y una mínima parte de comerciantes en representación de algunos distritos de la isla, al someterse á votación el asunto después del debate relativo á la conveniencia de canjear la moneda de plata del cuño mejicano allí circulante por otra del cuño nacional, resultaron 15 votos en contra, ó sea partidarios del *statu quo*, y 14 a favor del canje inmediato; pero es de hacer notar la circunstancia de que en la referida votación se abstuvieron de hacer uso de su derecho, por no considerar representada la votación en forma legal, dos comerciantes, partidarios decididos del canje, que lo fueron D. Secundino G. Melón y el que suscribe, los que, al llenar aquel requisito, hubieran decidido la votación a favor de la unidad monetaria.

» Es conveniente observar aquí que la discusión había versado sobre el canje de plata por plata, pues al determinarse que el oro entraría en la operación en la proporción que determina la ley, la votación hubiera sido unánime a favor del canje. Es cierto que, posteriormente, los partidarios del *statu quo* continuaron intrigando, por medio de sus influencias, sin dar la cara y sin fundarse en razones de ningún género, para entorpecer la resolución del superior Gobierno á que el país sensato aspira, á que aspira en general el comercio honrado, que desea basar sus transacciones en un patrón monetario fijo, verdadero é invariable, garantido por la Nación con su escudo de armas y busto de nuestro augusto Monarca, y, finalmente, ver desaparecer para siempre la anómala situación en que se halla aquella provincia, considerándose contrabando la propia y única moneda que en ella circula, entorpeciéndose así violentamente las transacciones mercantiles y deteniéndose las corrientes de riqueza á que legítimamente debe aspirar; todo lo cual no tiene ejemplo en los anales de ningún otro país del mundo, ni es dable imaginar que semejante situación pueda ocurrirle.

»Evidente es que las radicales medidas adoptadas para llegar á situación tan tirante fueron acordadas por las autoridades de la pequeña Antilla, con anuencia de las corporaciones mercantiles de la misma y sancionadas por el Gobierno supremo para poder llegar en un brevísimo plazo á la suspirada solución monetaria por medio del canje; peor desgraciadamente han transcurrido tres años desde entonces y nada práctico se ha hecho en tal sentido, continuando por esta causa el malestar de aquella provincia.

»Pero si angustiosa fue hasta ahora la situación de Puerto Rico, más lo será en adelante por las circunstancias agravantes que á cada instante se van acumulando.

»Establecido el Banco Español de Puerto Rico en 14 de Diciembre próximo pasado, cesarán desde igual fecha las operaciones de préstamos y descuentos de la Sociedad de Crédito Mercantil, según acuerdos tomados por sus accionistas para su liquidación en junta general solemnemente celebrada en 16 de Agosto último.

»Harto sabido es que, dadas las bases para su constitución con moneda de cuño nacional, el Banco no podrá funcionar ni hacer operaciones en Puerto Rico sino con igual moneda. Y como aquélla no existe en el país, es evidente que tendrá que permanecer en la más completa inacción, sin serle lícito ni posible prestar los servicios á que está llamado, ni ser útil al comercio, industria ni demás clases sociales, que tendrán que languidecer por falta de los auxilios que semejantes establecimientos les facilitan en todos los países del mundo civilizado.

»Y no es lo dicho lo peor de la situación: lo peor es que si bien en Puerto Rico, como en todos los demás países comerciales, hay muchas casas de comercio que, poseyendo suficientes elementos propios, no necesitan en ningún caso de los auxilios de establecimientos de crédito, también hay una inmensa mayoría de comerciantes é industriales que no se hallan en igual caso, y que, por lo tanto, hacen sus operaciones á crédito con los mercados de Europa y América á más corto plazo que el que generalmente suele usarse en las transacciones interiores de aquel país, contando con que los documentos, pagarés ó vales que reciben en pago de sus transacciones pueden descontarlos en los establecimientos de crédito, permitiéndoles estas operaciones cumplimentar con puntualidad sus vencimientos en el exterior, dejando á cubierto su buen nombre y fama, que les facilita emprender nuevos negocios en lo sucesivo. Pero dada la situación actual de la pequeña Antilla, sin Sociedad de Crédito Mercantil, ni Banco, porque así puede decirse, donde descontar sus valores, tendrán muchas casas de comercio que faltar á sus compromisos, perder su crédito y acaso verse abocadas á la quiebra. En semejante situación, el crédito del país se resentirá con razón, las transacciones se anularán, las importaciones cesarán y con ellas la entrada de recursos en la Hacienda pública por todos conceptos, y principalmente por el de derechos de importación, dando todo esto lugar, acaso en muy breve plazo, á la carencia de elementos para atender á las más perentorias atenciones.

»Muchos de los Sres. Senadores y Diputados á quienes tengo el honor de dirigirme conocen perfectamente aquel país y su modo de ser, y pueden, por lo tanto, apreciar la veracidad de mis afirmaciones, confirmadas por las noticias recibidas de los últimos correos, que anuncian una decadencia marcadísima en la vida de los negocios, situación que puede trocarse en próspera y feliz con la decisión del Excmo. Sr. Ministro de Ultramar, llevando á cabo la operación de canje sin más dilación y antes que muchos y grandes males no tengan remedio.

»Confiada está la provincia de Puerto Rico en que sus clamores han de ser oídos y en que el Sr. Ministro cumplirá sus reiteradas promesas respecto á la cuestión monetaria; pero como esta esperanza viene alimentándose desde hace muchos años, y ahora más que nunca las circunstancias son críticas, éstas me impulsan á dirigirme á los dignos representantes de aquella Antilla, cuyo interés y celo en favor de sus representados han sabido elocuentemente demostrar en más de una ocasión, para suplicarles se fijen con singular interés en tan vital asunto; y haciendo llegar á conocimiento del Excmo. Sr. Ministro de Ultramar las razones que quedan expresadas obtengan de él una resolución inmediata en el problema aludido, cortando así de una vez para siempre la raíz de muchos males para los intereses generales de la pequeña Antilla, facilitando el curso regular y desarrollo de sus transacciones comerciales y obteniendo por ello la gratitud eterna de sus habitantes.

»Soy de VV. SS. su más adicto seguro servidor.-ENRIQUE VIJANDE.-Madrid 17 de Enero de 1889.«

No tenía esta misiva otro objeto que contribuir con nuestro ruego á que saliesen á la luz y se manifestasen en el terreno práctico las activas gestiones que estaban realizando los dignos representantes de aquella provincia; queríamos que se oyese el lamento agudo del enfermo que desespera del término de sus dolencias.

II

Dado este paso para ayudar á la acción común, y sin otras pretensiones que mantener vivo el interés á fin de que pudieran prepararse soluciones concretas, nos pareció que todavía no era bastante: considerábamos de absoluta necesidad hacer algo más, algo que pudiese servir como de base de ulterior resolución en el problema pendiente.

Y así lo hicimos.

Después de algunas conferencias, y unido nuestro humilde esfuerzo al valioso é inteligente del Excmo. Sr. D. Eulogio Despujol, tan amante y conocedor de los intereses materiales y políticos de la pequeña Antilla, á instancia del Excmo. Sr. D. Manuel Becerra, actual Ministro de Ultramar, en quien hemos encontrado siempre muy levantados propósitos y la firme creencia de que no había de retroceder ante las dificultades que se oponían al éxito de este asunto, presentamos al Sr. Ministro, en 23 de Febrero último, aunque con carácter privado, un proyecto de canje de la moneda mejicana circulante en dicha Antilla, concebido en estos términos:

PROYECTO DE CANJE DE MONEDA EN PUERTO RICO, PRESENTADO AL EXCMO. SR. MINISTRO DE ULTRAMAR POR EL EXCMO. SR. D. EULOGIO DESPUJOL Y D. ENRIQUE VIJANDE EN 23 DE FEBRERO DE 1889.

Reconocida la necesidad imperiosa de sustituir en la provincia de Puerto Rico la moneda cuño mejicano, única allí circulante, con la del cuño nacional, en armonía con lo dispuesto por la Real orden de 12 de Octubre de 1868 y ley de presupuestos vigente en aquella isla; dada la imposibilidad de obtener un anticipo de la cantidad necesaria en moneda española, para canjear en un día determinado la

13

de pesos mejicanos, que se presupone ascendente á seis millones de pesos en todas las transacciones interiores de aquel país, se ofrece un medio sencillo y fácil para realizar tan urgente como importante operación en condiciones normales y con la brevedad que el caso requiere; medio que indudablemente acogerá con aplauso aquella provincia, á trueque de salvar la angustiosa situación en que actualmente se halla por razones de todos bien conocidas.

Para llevar á ca[d]o esa operación es preciso establecer las siguientes bases:

1.ª

Que el Gobierno autorice con su garantía al Banco Español de Puerto Rico para emitir las series de *bonos ó billetes* que á continuación se expresan, subdivididos en cantidades adecuadas al curso ordinario en las transacciones de aquella Antilla y representado en junto la cantidad de pesos mejicanos que se supone canjeable, á saber:

BONOS			
Series	Número de bonos	Valor	Importe
A.....	2.000	$ 1.00	$2.000.000
B.....	2.000	500	1.000.000
C.....	2.000	250	500.000
D.....	5.000	100	500.000
E.....	5.000	50	250.000
F.....	5.000	25	125.000
G.....	12.500	10	125.000
H.....	50.000	5	250.000
I.....	500.000	1	500.000
J.....	500.000	0,50	250.000
K.....	1.000.000	0,25	250.000
L.....	2.000.000	0,10	200.000
M.....	1.000.000	0,05	50.000
	5.083.500		$6.000.000

Estos bonos serán además garantizados en su valor representativo por la propia moneda dada en canje, sea cual fuere su estado de acuñación y el lugar donde estuviera depositada, cuidando de expresarlo así al redactar la forma para la impresión de los mismos.

La impresión de aquéllos se hará en Madrid, adoptando todas la precauciones posibles para evitar falsificaciones, pero serán firmados y contraseñados en Puerto Rico, con arreglo á las prescripciones reglamentarias de aquel Banco. [1]

2.ª

Terminada que sea la impresión de los *bonos* en Madrid, se enviarán al Gobernador general de Puerto Rico, para que éste los entregue oportunamente al Gobernador del Banco Español.

Por el mismo vapor correo que se envíen los *bonos* deberá ir el Real decreto ordenando el canje de los mismos en la provincia de Puerto Rico por todas las monedas de plata extranjeras allí circulantes legalmente en la actualidad, señalándose al efecto un plazo de quince días á partir

---

[1] Los bonos, impresos en Madrid en papel especial y firmados y contraseñados en Puerto Rico, imposibilitan toda tentativa de falsificación si se toman las debidas precauciones en uno y otro punto.

Como sería imposible que en un breve plazo, dada la urgencia de realizar el canje, pudieran ser firmados todos siquiera fuese con autógrafo ó estampilla, bastaría que las series A á H, que componen 83.500 bonos representativos de 1.000 hasta 5 pesos fuertes, estuvieran suscritos por el Gobernador, Interventor y Cajero del Banco Español de Puerto Rico, y las series I á M, que comprenden 5.000.000 de bonos de valor nominal de I hasta 0,05 pesos, fueran solamente contraseñados en la forma y con las precauciones que adoptara el Consejo directivo de dicho Banco.

En esta forma se ha procedido con los billetes fraccionarios de la emisión de guerra en la isla de Cuba.

del en que sea publicado el Decreto en la *Gaceta* oficial de aquella isla.

Las operaciones de canje se verificarán simultáneamente en todas las aduanas de ella, con el auxilio de sus empleados, de la Intendencia general de Hacienda y de las autoridades locales. En la capital serán hechas dichas operaciones por el Banco Español.

Transcurrido que sea el plazo prefijado para las operaciones de canje, quedará sin curso legal toda moneda de cuño extranjero, y sólo serán admitidos por su valor representativo, con curso forzoso en las transacciones oficiales y públicas, los *bonos* emitidos con tal objeto y las monedas de cuño nacional según la ley vigente.

No podrán ser presentadas al canje, y quedarán, por tanto, excluídas también de la circulación las monedas extranjeras que pudieran circular con fecha posterior al Decreto de resello de 1885. [2]

Tan pronto como se haya recogido la moneda extranjera circulante en Puerto Rico por medio del canje, se hará envío de ella con la mayor brevedad posible á la Fábrica nacional del ramo de Madrid, recomendándose al Banco Español que aproveche todas las expediciones de vapor que, partiendo de aquel puerto, se dirijan á los de la Penín-

---

[2] Por Decreto del Gobierno general de la provincial de Puerto Rico, fecha 18 de Noviembre de 1885, sancionado por el Gobierno supremo, se prohibió la importación de monedas extranjeras en aquella isla, excepto en el caso de que el importador se resignara á que fuesen taladradas ó reselladas en las aduanas, en prueba de que quedaban excluídas del curso legal; pero como ninguno de los importadores se conformaba con una operación que depreciaba la moneda en aquel mercado, se intentaban introducciones subrepticias de numerario, porque se hacía sentir su ausencia en las transacciones y se determinaba una verdadera crisis. Es, pues, natural que circulen con el cuño posterior al año en que se dictó aquél, se consideren como de procedencia fraudulenta, y, por consiguiente, excluídas del canje.

16

sula, a no ser que mediara contrato especial con empresa determinada para su transporte.[3]

3.ª

A medida que se vayan recibiendo en la Fábrica de la Moneda las remesas de plata extranjera, se reacuñaran en moneda española con arreglo a la ley monetaria vigente en la siguiente proporción:

$1.000.000 en monedas de oro – ó mas si fuera posible.
$3.500.000 en monedas de plata de un duro.
$1.200.000 en monedas de plata fraccionarias.
<u>   300.000</u> en monedas de bronce.
$6.000.000

---

[3] El plazo durante el cual se debe remesar la moneda extranjera canjeada de Puerto Rico á Madrid puede ser más ó menos largo, según las circunstancias.

Si sólo se han de utilizar para las remesas los buques de la Compañía Transatlántica (de los cuales únicamente dos tocan en Puerto Rico cada mes, á su retorno para Europa, uno de ellos partiendo el 10 con destino á Cádiz, y otro el 15 con destino a Vigo), y no transportando dada uno más que $500.000, según costumbre, no podrá, enviarse sino $1.000.000 mensual, y será, por lo tanto, necesario el transcurso de seis meses para el transporte total de los 6.000.000 canjeados.

En el supuesto de que, invitada la mencionada Compañía Trasatlántica, aceptase el compromiso de que todos sus vapores que parten de la Habana tocaran en Puerto Rico mientras tuviesen caudales que conducir, podría transportarse otro millón de pesos más cada mes, ó sean dos millones en junto, por ser cuatro las expediciones mensuales: con estos dos millones de pesos, habría más que suficiente para sostener la elaboración en la Casa de la Moneda, en el supuesto de que puede ascender a $50.000 diarios, y en el término de cuatro meses quedaría terminada la acuñación de los seis millones.

Si la referida Compañía no se aviniera á hacer la escala en Puerto Rico con sus cuatro vapores mensuales, entonces podrían hacerse los embarques en los vapores de otras empresas que durante los meses de verano hacen sus escalas de retorno en aquel puerto.

Los gastos que se originen por el canje, adquisición de pastas, comisiones, embalajes, transportes, impresos, seguros, etc., etc., serán por cuenta de la provincia de Puerto Rico y cubiertos con el producto que resulte de la reacuñación que queda expresada, según demuestra el cuadro al final del presente proyecto, cuyo déficit en pro ó en contra también se imputará á cargo de aquélla.

El Banco Español de Puerto Rico sufragará los anticipos y atenderá á la mayor economía en los gastos.

4.ª

Á medida que se efectúe la reacuñación en cantidades de 500.000 pesos, se irán remitiendo éstas á Puerto Rico por todos los vapores que sucesivamente partan de los puertos de la Península con aquel destino.

5.ª

Los *bonos* emitidos á consecuencia de esta operación serán canjeados á su vez por moneda española en la proporción de metales que corresponda, tan pronto sea hecha la reacuñación y se haya recibido la moneda en Puerto Rico, fijándose por el Gobernador general, á este efecto, un plazo prudencial, á partir de la fecha en que llegue á aquella isla la última remesa de moneda después de acuñada.

Los bonos correspondientes á las series M á I desde 0,05 hasta 1 peso, serán primeramente retirados de la circulación y sustituídos por moneda fraccionaria que llevarán precisamente las primeras remesas.

Á medida que se vayan retirando de la circulación los *bonos*, mediante el canje por moneda española, cuidará el

Consejo de dirección del Banco Español de inutilizarlos y de adoptar todas las precauciones necesarias para evitar que puedan ponerse de nuevo en circulación.

DEMOSTRACIÓN

En la base 3.ª del presente proyecto se establece que los gastos que se originen por el canje, adquisición de pastas, comisiones, embalajes, transportes, seguros, etc., etc., serán por cuenta de la provincia de Puerto Rico, y cubiertos con el producto que resulte de la acuñación de seis millones de pesos mejicanos, y para probar de una manera positiva que éste cubre aquellos, deberán hacerse los siguientes cálculos:

El peso de plata mejicano tiene 27,073 gramos á la ley de 0,9027, pero considerando el desgaste é imperfecciones de fabricación que pueden existir, puede apreciarse, según la opinión de autoridades en la materia, como sigue:

Peso............27,053 gramos.

Ley...............0,902 milésimas.

ó sea 24,40 gramos finos, que en $6.000.000 producirán 146.400 kilogramos de plata fina.

El duro español, acuñado con arreglo al Decreto-ley de 1868 vigente, tiene 25 gramos de peso á la ley de 0,900 milésimas, ó sean 22,50 gramos finos.

Puede, por lo tanto, acuñarse con los 146.400 kilogramos finos que producirían los seis millones de pesos mejicanos, a razón de 22,50 gramos, la cantidad $6.506.666,66 españoles, lo que arroja un beneficio de $ 506.666,66, con el cual pueden sufragarse todos los gastos antes mencionados, dando aún un sobrante considerable, si bien éste pudiera disminuir, dado el caso de que cualquiera gasto de los apuntados en el siguiente cuadro se hubiera calculado por lo bajo:

CUADRO DEMOSTRATIVO
REMESA DE PUERTO RICO Á MADRID

Flete ½ por 100 s/6.000.000	$30.000	
Seguro ½ por 100 s/6.000.000	$30.000	
		$60.000
2.000 cajas de madera, fuertes, con flejes de hierro para contener $3.000 cada una, á razón de $0,75 una		1.500
Acarreo y embarque en Puerto Rico, á $0,25.		500
Desembarque y acarreo en el puerto de llegada á la Península, á $0,25………………..		500
Conducción en ferrocarril desde el puerto de descarga hasta Madrid y acarreo á la Casa de la Moneda, ¼ por 100……………..		$15.000

REMESA DESDE MADRID Á PUERTO-RICO

2.000 cajas, como arriba á $0,75…………………		$1.500
Conducción en ferrocarril al puerto de embarque, ¼ por 100……………………………………		15.000
Embarque y acarreo en el puerto…………………		500
Desembarque y acarreo en Puerto Rico		500
Seguro, ½ por 100…………………	$30.000	
Flete, ½ por 100……………………	$30.000	
		60.000

OTROS GASTOS

Impresión, encuadernación, etc., 5.083.500 bonos	50.000
Comisión al Banco Español de Puerto Rico por las operaciones de emisión, recogida, embarque, 1 ¾ …………………………...	105.000
Coste de $1.000.000 en oro, á 3 ½ por 100………	35.000
TOTAL…...	$345.000

Resumen

Importan los gastos…………………………..	$ 345.000
Idem el beneficio……………………………..	506.666,66
Beneficio líquido…………………	$161.666,66

Según queda demostrado, resulta de la operación un beneficio líquido de $161.666.66 que pudiera aplicarse á subsanar cualquiera error de cálculo que pudiera advertir la Casa de la Moneda de Madrid.

Pero adviértase también que el sobrante señalado deberá ser aún mayor, aunque sufran aumento algunas partidas de los gastos calculados, porque se han hecho los cálculos sobre la base de acuñación en *duros* solamente; y como en la operación han de entrar $ 1.500.000 en monedas de plata y cobre fraccionarias, y ésta sólo tiene la ley de 0,835, siendo menor relativamente en la de cobre, de aquí la razón por que debe suponerse un beneficio mayor.

Si el expresado beneficio se invirtiese en la adquisición de moneda de oro, en cantidad mayor á la indicada en la base tercera de este proyecto, se favorecería mucho el crédito y los intereses generales de la pequeña Antilla, y lo agradecerían en sumo grado sus leales habitantes.

Madrid 23 de Febrero de 1889.

Como no pretendíamos que este modesto trabajo se reconociese sin discusión obra perfecta, pusimos grande interés en conocer la impresión que su lectura produciría en el ánimo del Sr. Becerra, y hemos tenido ocasión de oir de labios de este recto é ilustrado funcionario, que el proyecto le parecía bien en principio, y hemos podido abrigar la confianza de que inmediatamente se daría comienzo á los estudios precisos para traducir su contenido en una disposición legislativa de inmediata ejecución.

Y conste aquí nuestro reconocimiento al Sr. Ministro de Ultramar, por la decisión y empeño que nos demostraba para resolver esta importantísima cuestión en bien de Puerto Rico.

Después de esto, á consecuencia de posteriores entrevistas con el Sr. Ministro, y de haber adquirido noticias y detalles de todas las opiniones que había de contribuir á ilustrar el asunto, hemos estimado necesario adicionar el proyecto presentado con algunas aclaraciones que en nuestro sentir lo completaban.

Y efectivamente formulamos la siguiente:

ADICIÓN ACLARATORIA AL PROYECTO DE CANJE DE MONEDA EN PUERTO RICO PRESENTADA AL SEÑOR MINISTRO DE ULTRAMAR POR LOS MISMOS SEÑORES EN I.º DE ABRIL DE 1889.

En virtud de explicaciones verbales y datos suministrados por el Sr. Superintendente de la Casa de la Moneda, y con el fin de eximir de la más leve dificultad la ejecución del proyecto referido, conviene hacer las siguientes aclaraciones á la base 3.ª del mismo.

ACLARACIÓN

Recibidas que sean las remesas de plata mejicana procedentes de Puerto Rico en la Casa de la Moneda, ésta las reacuñará en moneda española con arreglo á la ley de monetaria vigente en la siguiente proporción:

$ 4,800.000 en monedas de plata de *cinco* pesetas.
   1.200.000 en   íd.   de íd. fraccionarias.
$ 6.000.000

La Casa de la Moneda percibirá su asignación correspondiente por gastos de acuñación á razón de pesetas 2,50 por cada un kilogramo de plata acuñada.[4]

---

[4] Posteriormente se ha juzgado que este estipendio no procede, tratándose del cumplimiento de leyes vigentes respecto á una provincia española de Ultramar, y estando sostenida la Casa de la Moneda por el presupuesto general del Estado. En todo caso, más regular sería que por cuenta de la operación se abonaran los gastos extraordinarios que se hicieran, tales como son los de combustible y aumento de operarios que fuera preciso, dada la urgencia que el caso reclama.

La adquisición de la parte proporcional en monedas de oro y de cobre que el Excmo. Sr. Ministro de Ultramar estime conveniente otorgar, se hará posteriormente en operación separada. El Banco Español de Puerto Rico ó su legítimo representante en esta corte se encargará, previa autorización de la autoridad que corresponda, de la importación y suministro de las pastas que deban acuñarse.

Como consecuencia de las modificaciones que se establecen en esta adición y en virtud de la obligación que la Compañía Trasatlántica tiene contraída en su contrato con el Estado, de conducir francos de flete, en sus vapores, los caudales que oficialmente tengan que transportarse entre la Península y sus posesiones de Ultramar, habrá que concretarse á los buques de dicha Compañía para los embarques, haciéndose éstos oficialmente, y resultarán las siguientes alteraciones en el *Cuadro demostrativo* de gastos que aparece agregado al proyecto de canje, á saber:

Total de gastos fijado en el Cuadro demostrativo.................. $ 345.000

Á DEDUCIR

Por concepto de fletes de envío y
retorno de los $ 6.000.000....................... $ 60.000
Costo de $ 1.000.000 en oro á 3.50 por 100......$ 35.000   95.000
                                                                250.000

Á AUMENTAR

Gastos de acuñación á la Casa de la Moneda
146.400 kilogramos de plata fina, á razón de
pesetas 2,50 por cada un kilogramo............................73.200

Total de gastos........323.200

23

El total de gastos queda indicado corresponde solamente á la operación de convertir la moneda de plata mejicana en moneda de plata española.

Los costos ó gastos de adquisición de oro y cobre formarán grupo aparte, según queda indicado, y el Gobierno reservará, sin enviar á Puerto Rico y á disposición de quien corresponda, las cantidades de plata amonedada que por este concepto se hayan de invertir, conviniendo que fueran éstas de las primeras acuñaciones, para dar lugar á acuñar y á hacer simultáneamente las remesas de los distintos metales.

Madrid 1.º de Abril de 1889.

III

Ampliado ya así el proyecto de canje con la preinserta adición, si no pretendemos que el único practicable, ya que sus datos carecen de rigurosa exactitud por haber sido adquiridos sin apoyo oficial, debemos, sin embargo, lisonjearnos con la esperanza de que después de él, quedaron indudablemente echados los cimientos para cualquiera combinación que se intente en el sentido de unificar la monda, mientras que antes parecía que el genio del mal se empeñaba en tenerlo todo envuelto en el misterio.

Enhorabuena que se introduzcan en nuestro proyecto las modificaciones, siempre insignificantes, que reclamen los trámites burocráticos y las combinaciones gubernamentales; así y todo, aún quedará en él la esencia de una operación factible, práctica y de inmediata realización. Á esto aspirábamos. Nuestros trabajos y afanes tenían por objeto principal descorrer el velo de las dificultades que en un principio parecían insuperables, y abordar desde luego el problema tantos años detenido por falta de minucioso estudio, presentándolo en forma conveniente y compatible con la realidad.

Persuadidos estamos de que tan pronto como Puerto Rico conozca los medios fáciles y equitativos con que, según el mencionado proyecto, puede llevarse á cabo la conversión y unificación monetaria, sin sacrificio de ningún género para él ni tampoco para la madre patria, ha de acogerlos con unánime y caluroso entusiasmo; pues si bien es cierto que ha de recibir á la postre una moneda de más bajo valor intrínseco, con el cuño español, que la que posee con el cuño mejicano, también lo es que á la pequeña Antilla le conviene unir su suerte monetaria á la de las provincias peninsulares, ya que lo está también por otros vínculos más sagrados; porque éstas, al fin, mucho más poderosas, respetadas y atendidas de los altos poderes de la Nación que la simbolizada por el manso cordero que ostenta su blasón, cuando se hallen en trances tan críticos cual el que viene sufriendo la humilde Puerto Rico doce años há, sabrán con todo vigor reclamar la verdad del sistema monetario nacional, desarraigando de cuajo erróneos principios que pudieran acaso más adelante arrastrarlas al desequilibrio financiero entre los demás países del mundo comercial.

No; no es creíble que la Península soportara por mucho tiempo una situación tan violenta como la que viene atravesando Puerto Rico. ¿Qué sería de cualquiera provincia de la Península si durante cuatro años se prohibiera en ella la entrada de su propia moneda, necesitándola para las transacciones? Pues Puerto Rico viene sufriendo los fatales y ruinosos perjuicios, consecuencia forzosa de un Decreto que al publicarse dejaba entrever el ruinoso canje de la moneda.

Hé aquí ese Decreto:

«Con el fin de conjurar la crisis monetaria que atraviesa la provincia, por efecto de la depreciación que sufren en los mercados extranjeros las monedas de plata mejicana, únicas que hoy circulan, en relación con el valor legal que actualmente tienen, de acuerdo con los representantes del comercio, de conformidad con el placer de la Junta de autoridades y previa autorización del Gobierno supremo, he resuelto:

1.º Las monedas de plata mejicana que en la actualidad estén en circulación en la provincia conservarán el valor oficial que tienen en el Tesoro público y en el comercio.

2.º Transcurridos los plazos que á continuación se fijan, se marcarán á su introducción por las aduanas todas las monedas de plata mejicana, las cuales no serán admitidas en las cajas del Tesoro ni tendrán curso legal.

3.º Los plazos acordados de que se habla en la anterior condición son:

Para las procedencias de San Thomas, dos días; para las de la isla de Cuba, cuatro, y para las de Méjico y los Estados-Unidos, ocho; pero como quiera que esta resolución fue puesta en conocimiento de los Cónsules de España en San Thomas, Méjico y Estados-Unidos, así como en el del Gobernador general de la isla de Cuba, en 14 del corriente, los plazos para la procedencia de los indicados puntos han fenecido para los dos primeros, y terminarán para las de los dos últimos el 22 inclusive del presente mes.

4.º Queda subsistente el Decreto de este Gobierno general de 27 de Noviembre de 1884, publicado en la *Gaceta* correspondiente al día 29 siguiente, relativo á la manda de plata agujereada.

5.º La Intendencia general de Hacienda queda encargada de dar las disposiciones conducentes al cumplimiento de este Decreto.

Puerto Rico 18 de Noviembre de 1885.-DABÁN.»

¿No es cierto que, después de esta disposición, cabía esperar que comenzaría á poco la operación del canje? Y sin embargo no fue así.

Por eso desde entonces el malestar del país ha continuado agravándose, llegando á ser la propia moneda circulante en él, contrabando el más perseguido y el que más disgustos ocasiona á las autoridades de Hacienda pública y al comercio de buena fe, siendo de extrañar que los lamentos de la provincia, elevados al superior Gobierno metropolitano por conducto de sus Corporaciones oficiales de todas clases y de sus representantes en Cortes, no hayan hallado eco en patriótico corazón ni en justiciero gobernante.

De nada sirvió haber dictado el Real decreto de 12 de Octubre de 1868, cuyo art. 1.º dispone que «la moneda nacional y de nuevo cuño debe ser la circulante en todos los dominios españoles;» ni que este precepto fuese recomendado posteriormente por otro Real decreto de 8 de Noviembre de 1887. Por desgracia no son éstas las únicas prescripciones que dejan de cumplirse en un país que con ansia las reclama, así porque son leyes, como también por exigirlo la buena marcha de su organismo económico; más reciente está y más explícita la vigente ley de presupuestos para Puerto Rico de 29 de Junio de 1888, cuyo art. 6.º previene que «el Ministro de Ultramar, de acuerdo con el de Hacienda, *procederá á surtir de monedas de todas clases* los mercados de la isla en cantidad que estime necesaria para las transacciones, aplicando á los gastos que este servicio exija las utilidades que puedan resultar de la acuñación en la Casa de Moneda de Madrid por cuenta del Tesoro de la isla, y entendiéndose desde luego concedido el crédito indispensable, si ésas no fueren bastantes ó se optase por remesas de la moneda hoy circulante en la Península.»

Bien claro y terminante es este precepto para que en su

virtud pueda salvarse la precaria situación que atraviesa nuestra provincia ultramarina, y no obstante, venció el período económico, se ha prorrogado de nuevo y ni asomo hay de que se cumplan leyes tan terminantes y expresivas, á pesar de las solemnes y reiteradas promesas del Sr. Ministro de Ultramar hechas á las distintas Comisiones que se le han acercado, y que, por cierto, salieron de su presencia complacidas con irrealizadas esperanzas.

Sabido es de todos que este irregular estado de cosas coincide con la reciente creación en Puerto Rico de un Banco comercial de emisión y descuento, establecimiento que, como todos los de su índole, por lo que influyen en el desarrollo material de los pueblos ilustrados, ha sido bien recibido en todos los ámbitos del mundo financiero. Con tal motivo, los hombre de negocios, ávidos siempre de emprender seguras y lucrativas especulaciones, han tenido necesidad de informarse minuciosamente de todas las anomalías que quedan mencionadas, y que obstaculizando en general las transacciones de aquel país, imposibilitan completamente las funciones del nuevo Banco.

Quien como nosotros tuvo la pena de oir de labios extranjeros los justos y bochornosos comentarios que á este propósito se hacían, no podrá menos de sentir herida su dignidad nacional, viéndose obligado á ahogar en el pecho sus patrióticos sentimientos ante la fuerza de la razón existente para la censura. El uno preguntaba si en España las leyes eran letra muerta; el otro si había intento deliberado de combatir las propias instituciones, y periodista hubo á quien fue preciso arrancarle la pluma de la mano para que no hiciese sus impresiones, que indudablemente dejarían maltrecho nuestro crédito.

IV

Mucho se ha escrito y divagado sobre esta cuestión vital para la pequeña Antilla; muchas veces se ha tratado de ella en el Congreso de los Diputados, Demostrando siempre todos los Sres. Ministros que se han sucedido en la cartera de Ultramar, deseos de buscar una solución que no ocasionase perturbaciones; pero el sistema constante de los aplazamientos hizo que las circunstancias se agravasen cada día más, á causa de la continuada baja del valor del metal plata en su equivalencia con el oro; y como si este mal no fuera bastante, resulta ahora que las nuevas acuñaciones de moneda mejicana, posteriores al año 1885, parecen tener menor ley que las de fecha anterior, pues según se ve por los análisis practicados en la Casa de Moneda de Madrid, las piezas de un duro mejicano que, acuñadas antes de 1885, determinaban un promedio de 904 milésimas, no acusan al presente más que el de 896 milésimas de fino.

Este fenómeno, que parece perjudicial, y que ya hemos atribuído á los partidarios del *statu quo*, no desvirtúa, sin embargo, el plan de canje que acompañamos, por las siguientes razones:

1.ª Excluídas en Puerto Rico de la circulación legal, por el Decreto de 18 de Noviembre de 1885, las monedas mejicanas de cuño posterior á esta fecha, no podrán ser admitidas al canje general, en perjuicio de los poseedores de buena fe, so pena de sancionar los actos fraudulentos cometidos al contravenir la citada disposición.

2.ª Por otra parte, se ha visto prácticamente que aun la moneda mejicana de cuño posterior al año 1885 cubre, por su mejoría de valor intrínseco, los gastos necesarios, según nuestro proyecto, para su conversión en moneda española.

Así lo demuestra el donativo hecho recientemente á la madre patria por la colonia española residente en Méjico, para la construcción del buque *Nueva España*, cuya remesa en pesos mejicanos fue acuñada en la Casa de Moneda de Madrid, produciendo un aumento en el valor nominal de uno á otro cuño, de 25.000 pesetas. Estos datos obran en el Ministerio de Hacienda, y por lo tanto, son de exactitud notoria.

Creemos conveniente dar á conocer tales antecedentes al país que, víctima de incalificable apatía, viene sacrificándose desde el año de 1878, pagando gradualmente hasta llegar al 25 por 100 de sobreprecio en los artículos de importación que consume, por el desbordamiento de los cambios sobre el exterior, debido tan sólo á la desorganización monetaria que puniblemente se viene sosteniendo allí, en beneficio de unos pocos partidarios del *statu quo* y en perjuicio de 850.000 habitantes, inclusas las clases proletarias.

No son, no, las casas extranjeras giradoras, ni las españolas, que en mayor número que aquéllas se ocupan de iguales negocios, las que promueven el alza en los cambios; las causas de tan grave mal son pura y simplemente las que dejamos mencionadas: hágase la unificación monetaria, organícese este sistema en consonancia con lo prevenido por las disposiciones que antes hemos citado, y el mal habrá desaparecido, porque entonces el poseedor de una peseta en la provincia de Puerto Rico, lo será igualmente en la de Barcelona, Madrid y viceversa.

Y no se nos alegue que la unidad monetaria daría origen á que «la moneda española de oro tome á Puerto Rico por posada, donde no estaría más que una noche» (según figura retórica del Sr. Ministro); ahí está la balanza comercial de la pequeña Antilla, la cual prueba que si existe una importación de los puertos peninsulares igual á la exportación para los mismos, ésta resultaría mayor si las valoraciones arancelarias estuvieran ajustadas á los precios que actualmente obtienen los frutos de aquel país. Además, si nos fijamos en los datos que arroja la balanza de exportación en el último quinquenio, fácilmente observaremos el gran aumento que de año en año va adquiriendo la exportación de Puerto Rico para la Península; de suerte que, regularizado el sistema monetario, pronto resultará en favor de Puerto Rico y en contra de la Península un déficit que habrá de cubrir necesariamente á metálico. Algo de esto podría ocurrir ya, á no darse el raro fenómeno de que un duro en plata del cuño nacional vale en Puerto Rico $1,05 ¼ mejicanos, mientras que en una letra sobre una plaza peninsular vale 15 á 20 por 100 más, aunque no tanto si se tratara de cantidad importante, pero es lo cierto que tiene mayor valor una letra de cambio que la propia moneda en plata. Más aún: no será extraño que una gran parte de la plata circulante en España vaya á parar á sus Antillas en pago de los cafés, azúcares, tabacos, etc., que de ellas importe, y no se hará esto esperar mucho después que se establezca la unidad monetaria y el consiguiente nivel en los cambios que en virtud de ella se impondrá de una manera forzosa, y llegará el caso en algunas épocas del año de comprarse las letras con descuento, cual ha sucedido ya, no en fecha muy remota, pero antes de haberse tolerado la invasión de pesos mejicanos en aquellos países.

V

Para que se forme juicio cabal del lamentable estado de la cuestión monetaria puertorriqueña después de doce años de proyectados estudios, vamos á transcribir en este opúsculo el extracto de la sesión celebrada en el Congreso el sábado 13 de Julio próximo pasado, en la parte á dicha materia referente, y al final haremos ligeros comentarios para no pecar de difusos.

El Sr. VICEPRESIDENTE (Eguilior): El Sr. Lastres tiene la palabra.

El Sr. LASTRES: He pedido la palabra para dirigir varios ruegos y diferentes preguntas a mi particular amigo el señor Ministro de Ultramar sobre un asunto de mucha gravedad y de verdadera importancia, hasta el punto de que justificaría una proposición incidental ó una interpelación, medios á que no acudo por no detener la discusión pendiente.

Me reduciré, pues, á la forma de preguntas, y contando con la benevolencia del Sr. Presidente y de la Cámara, empezaré por consignar algunos antecedentes del asunto, porque los considero indispensables para justificar mi ruego; con tanta mayor razón, cuanto que lo que voy á indicar lo hago no solo por mi cuenta, sino de acuerdo con todos los representantes de Puerto Rico; y digo de todos, porque la mayor parte me han conferido encargo especial de hablar en su nombre, y los que no me han dispensado la honra de darme ese encargo, tengo la seguridad de que opinan como yo. Si alguno hay que no piensa lo mismo, ocasión tendrá de pedir la palabra y manifestar sus opiniones para que lo sepa el país.

Se trata del problema monetario en Puerto Rico, asunto gravísimo que viene preocupando a todos los representantes de la pequeña Antilla hace años, y que ha sido objeto de trabajos especiales, particulares y parlamentarios, encaminados á concluir con el estado verdaderamente insostenible que sufre la pequeña Antilla; porque, como sabe el Sr. Ministro, tenemos allí la desgracia de que no circule más moneda que la de la plata mejicana, como si Puerto

Rico no fuese una provincia española, donde sólo debe circular la moneda española. Para evitar ese inconveniente se han dictado varias leyes, entre otras la vigente de presupuestos, que contiene un mandato imperativo que no está cumplido. La alarma crece; en Puerto Rico hay un malestar extraordinario; constantemente vienen de allí quejas á los Diputados y Senadores, y el mismo Sr. Ministro debe tener reclamaciones de esa clase y aun comunicaciones de la autoridad dignísima que está al frente de la pequeña Antilla. La opinión es hoy unánime en Puerto Rico. Por todos se desea que la moneda mejicana se recoja inmediatamente, sin paliativos ni aplazamientos, y que se haga de modo que allí no circule otra moneda sino la española, idéntica á la de la Península. Esto manda la ley, pero la ley no se ha cumplido; y como la resolución se dilata, el mal cada día va siendo mayor, porque los especuladores de mala fe se están aprovechando de la dilación para hacer el negocio fraudulento con la moneda mejicana, pues diariamente se introducen en Puerto Rico 7.8 y hasta 10.000 pesos de esa moneda. Importa, pues, que la resolución no se dilate; importa que el Sr. Ministro de Ultramar cumpla la ley, para evitar que el conflicto se agrave y Puerto Rico se libre de la ruina que le amenaza.

Hace tiempo, la opinión parecía dividida; todos deseaban que el canje se verificase, pero había algunos que creían que no había llegado la oportunidad; hoy se han convencido *todos* de que la oportunidad ha llegado y que ésta es la ocasión para hacer la recogida ó el canje.

Con estos antecedentes, pregunto al Sr. Becerra, dignísimo Ministro de Ultramar: ¿tiene noticias S.S. de esto? ¿Es cierto que se ha presentado á S.S. quien podía representar en Puerto Rico la oposición al canje, que era el Sr. Salazar, presidente de la Cámara de Comercio de Ponce, y le ha manifestado que á su juicio había llegado el momento de hacerse el canje? El Sr. Ministro de Ultramar tiene una ley que le manda hacer el canje, en ella tiene el crédito necesario para realizarlo.

Existe unanimidad de pareceres en todos los representantes de Puerto Rico, porque los que militamos en el partido incondicional lo hemos dicho muchas veces, y los autonomistas lo tienen consignado en la exposición al Presidente del Consejo de Ministros, que aquí tengo. Por eso insisto en preguntar: ¿por qué, habiendo unanimidad de opiniones, siendo tan grave el problema y tan urgente el remedio, el remedio no se pone? ¿Qué dificultades encuentra el Gobierno para cumplir la ley y hacer el canje? ¿Tiene noticia el Sr. Ministro de Ultramar de que Puerto Rico es el único territorio en que la moneda mejicana circula con el valor de 19 rs., cuando su valor intrínseco no pasa de 13, lo cual produce grandes perturbaciones en el mercado? Estado de cosas semejante es insostenible, y deseamos saber qué hay en este asunto.

Las preguntas que acabo de hacer no tienen por objeto mortificar á S.S., sino darle ocasión de que manifieste que está dispuesto á remediar el daño dando cumplimiento al artículo 6.º de la ley, que dice lo siguiente:

«El Ministro de Ultramar, de acuerdo con el de Hacienda, procederá á surtir de moneda de todas clases los mercados de la isla en la cantidad que estime necesaria para las transacciones, aplicando á los gastos que este servicio exija las utilidades que puedan resultar de *la acuñación* en la Casa de Moneda de Madrid, por cuenta del Tesoro de la isla, y entendiéndose desde luego concedido el crédito indispensable si éstas no fueren bastantes ó se optase por remesas de la moneda hoy circulante en la Península.»

En ese artículo de la vigente ley de presupuestos tiene su señoría los medios de acabar con el deplorable estado en que se encuentra la pequeña Antilla respecto á la circulación monetaria.

Deseo que el Sr. Ministro de Ultramar, acogiendo estos ruegos, tenga la bondad de manifestarnos si está decidido á cumplir ese artículo inmediatamente, á fin de evitar que por la suspensión de las sesiones, por un cambio de Gobierno ó la sustitución de S.S. en el departamento que tan dignamente dirige, pudiera ser causa de que continuase el estado que todos condenamos.

Espero, pues, que S.S. hará una declaración terminante para llevar la tranquilidad á la pequeña Antilla, muy alarmada ante la dilación injustificada que sufre la solución del problema que ha sido objeto de mi pregunta.

El Sr. Ministro de ULTRAMAR (Becerra): Pido la palaba.

El Sr. VICEPRESIDENTE (Eguilior): La tiene S.S.

El Sr. Ministro de ULTRAMAR (Becerra): Varias preguntas y algún ruego, y en medio de estas preguntas alguna observación que pudiera considerarse como crítica de la conducta del Ministro de Ultramar por no haber cumplido una ley. ha tenido á bien dirigirme mi particular amigo el Sr. Lastres.

Voy á ver si puedo contestar á todo, justificando una negación que le he hecho por signos cuando tuvo á bien leer el artículo de la ley de presupuestos, y también indicar hasta qué punto me es dable acceder á lo que S.S. llama un ruego.

Efectivamente, tiene noticias el Ministro de Ultramar de que en Puerto Rico circula la moneda mejicana y que las autoridades han hablado de tomar precauciones, que el Ministro ha autorizado, á fin de que no entrase más moneda de contrabando. Esta cuestión de la moneda es excusado decir que trae perturbado aquel mercado y puede ser desastrosa para los habitantes de Puerto-Rico por la cuestión de giros. Sobre esto hay perfecto acuerdo entre lo que piensa el Ministro y lo que se ha servido indicar S.S. á nombre de los Diputados y Senadores de Puerto Rico.

Yo paso por alto si son todos ó si no son más que algunos; pero es seguro que todos ellos desean, como el señor Lastres, todo aquello que favorezca los intereses de la pequeña Antilla, ó por lo menos se eviten las perturbaciones de aquel mercado.

Dejando esto aparte, el Ministro no puede responder á una pregunta que no ha entendido bien; y me voy á permitir formular yo otra á S.S. por lo que se refiere á la información de la Cámara de Comercio de Ponce, que me parece que es á lo que se ha referido S.S. No sé si quiso decirme que la Cámara de Ponce se oponía á eso ó lo deseaba. ¿Cuál de las dos cosas me indicaba S.S.?

El Sr. LASTRES: Si me permite S.S. y el Sr. Presidente, se lo explicaré.

He dicho que hace tiempo había en Puerto Rico quienes se oponían al canje de la moneda; pero los que eso pensaban, y á cuya cabeza se encontraba la Cámara de Ponce, han cambiado de actitud, y lo desean.

El Sr. Ministro de ULTRAMAR (Becerra): Doy las gracias á S.S. por haber aclarado esa pregunta, que yo no había entendido bien.

Á mi noticia han llegado distintas opiniones; pero he de confesar clara y explícitamente que entiendo que, si no la unanimidad, la inmensa mayoría ó tal vez la totalidad de los habitantes de Puerto Rico desean la recogida, ó lo que se llama con más ó menos rigor el canje de la moneda.

Pudieran suceder varias cosas, y vamos á analizarlas todas. El Ministro puede no haber hecho eso porque sus quehaceres no se lo permitieran, por pereza, por tener intenciones contrarias á los deseos de Puerto Rico, ó porque pensara aplazar esta cuestión ó dejar este banco antes de resolverla.

Al poco tiempo de ocupar yo este puesto que inmerecidamente ocupo, al Sr. Lastres consta que tenía noticia del asunto; debe saber también S.S. que me he ocupado de resolverlo, y que para esto he oído á dignos compañeros suyos, unos que se sientan en estos escaños, y otros que no tienen asiento en la Cámara, y con ellos he tratado de llegar á un acuerdo que me permitiera resolver la cuestión. De suerte que está desde luego descartada la primera suposición, cual es la de que el Ministro de Ultramar no se ha ocupado de este asunto; y paréceme que al quedar descartada esta suposición, lo quedan también las otras dos, porque si por temor no hubiera querido ocuparse de ella, no hubiera estado en relación con los amigos del Sr. Lastres y no hubiera tratado esa cuestión tampoco con mi digno compañero el Sr. Ministro de Hacienda

¿Es que esta cuestión no la conoce y no sabe de ella el Ministro de Ultramar? De esto yo no puedo hacer afirmación ninguna.

En la ley de presupuestos, efectivamente, existe un mandato imperativo, y el Ministro de Ultramar, ante él, tenía que cumplirle, fuera bueno ó malo; y en el caso de no creerle conveniente, debía traer al Congreso una ley que le derogara. El artículo de la ley á que me refiero dice así:

«El Ministro de Ultramar, de acuerdo con el de Hacienda, procederá á surtir de moneda de todas clases los mercados de la isla en la cantidad que estime necesaria para las transacciones, aplicando á los gastos que este servicio exija la utilidades que puedan resultar de la *acuñación* en la Casa de Moneda de Madrid, por cuenta del Tesoro de la isla, y entendiéndose desde luego concedido el crédito indispensable si éstas no fueren bastantes ó se optase por remesas de la moneda hoy circulante en la Península.»

Es éste el mismo artículo que ha leído el Sr. Lastres. Ahora bien: prescindiendo de otros datos, en los cuales entraríamos si fuera necesario, y añadiendo que el interés del Ministro está bien explicado, puesto que en el presupuesto que está á la orden del día trae las modificaciones de esta ley y pide los créditos necesarios para llevarlos á cabo, lo cual prueba que le tenía muy presente, veamos lo que dice este artículo:

«El Gobierno procederá á surtir de toda clase de moneda…etc.» Lo demás ya lo sabemos.

Ahora bien: el Ministro de Ultramar no podía, por interés de Puerto Rico, llevar allí la cuestión del monometalismo, á la inversa. El Sr. Lastres sabe, como el Ministro de Ultramar, mejor que el Ministro de Ultramar, que el oro tiene de beneficio en Cuba el 6 por 100, y no ignora el Sr. Lastres que el capital es como los líquidos, que buscan su nivel; y si en Puerto Rico no encontraba el oro tomaría á Puerto Rico (y permitidme la frase y la figura retórica), tomaría á Puerto Rico por posada, donde no estaría más que una noche.

Necesitaba, pues el Ministro una ley que le permitiera dar este beneficio al oro, y si no se le daba, sería imposible dotar del oro necesario á aquel mercado.

Además, una ley de carácter general y los decretos dictados para su cumplimiento sobre la Casa de Moneda, así como también los repetidos informes de la Junta directiva de moneda, prohiben terminantemente acuñar moneda que no sea española. De suerte que la moneda recogida en Puerto Rico vendría aquí como pasta, y como pasta se vendería ó como pasta se pagaría lo convenido á la Casa de Moneda, y se le pagaría en plata; y si lo exigía, en oro.

De manera que el Ministro de Ultramar se encontraba por dos leyes imposibilitado de dar ningún paso. Hé aquí por qué, á pesar del deseo de los que han escrito este artículo en la ley de presupuestos, resulta su redacción deficiente, y al Ministro no le era posible realizarlo porque dos leyes se lo prohibían. El Ministro, que deseaba llevar al mercado de Puerto Rico, no moneda especial, sino de cuño español, y que se encontraba con que un duro mejicano vale 16 reales en Cuba, 19 en Puerto Rico y 20 en Filipinas, no podía resolver como quería la cuestión; y hé aquí la razón por qué trajo en el presupuesto unas disposiciones que, si se hubieran aprobado, hubiesen derogado aquellas que le impedían hacer el arreglo que deseaba verificar, y el Ministro tendría ahora libertad para hacer lo que el Sr. Lastres y sus compañeros, no más que el Ministro, ni menos tampoco, desean.

Dadas estas explicaciones, réstame contestar al ruego de su señoría; ruego que no era necesario, porque tratándose de S.S. me bastaba á mi una indicación. S.S. no necesita hacer ruegos al Ministro de Ultramar. S.S. desea saber si el Ministro de Ultramar está dispuesto á resolver esa cuestión, pero á resolverla inmediatamente, dentro de pocos días.

Yo á mi vez me permito hacer una pregunta al Sr. Lastres. Me dirijo al caballero, me dirijo al Diputado y patriota, me dirijo al hombre honrado. ¿Cree S.S. que un Ministro formal y serio puede comprometer su palabra diciendo que dentro de tal número de días resolverá la cuestión? ¿Lo cree S.S.? ¿Sí ó no? Estoy seguro de que no. Lo único que el Ministro puede ofrecerle es que no ha de perdonar ninguno de los medios que estén á su alcance para resolver la cuestión de la moneda en Puerto Rico en el menor plazo que le sea posible.

Es cuanto tenía que decir á mi amigo el Sr. Lastres.

El SR. LASTRES: Pido la palabra.

El Sr. VICEPRESIDENTE (Duque de Almodóvar del Río):

La tiene S.S. para rectificar.

El Sr. LASTRES: El Sr. Ministro de Ultramar ha tenido la

bondad de acoger mi ruego; pero con la franqueza con que hablo siempre, no puedo menos de manifestarme dolido, como representante de Puerto Rico, de las frases de S.S., porque de ellas deduzco algo que me da tristeza; y es que, según la opinión del Sr. Ministro, no puede resolverse la cuestión del canje sin tener aprobado el proyecto de presupuestos, y esto es subordinar un problema urgentísimo para Puerto Rico, que no admite aplazamientos, á un hecho que sabemos demasiado no se realizará tan pronto.

Por consiguiente, vuelvo á insistir sobre el particular. Teniendo S.S., como tiene, la ley vigente, que ha prorrogado ahora por Real decreto en virtud del derecho que le concede la ley de contabilidad, ¿para qué quiere la nueva ley? ¿Es que no puede hacer el canje sin la nueva ley? Pues esto es lo que me permito calificar de equivocación de S.S. La ley concede bastantes medios; tiene preceptos que deben cumplirse, y para ello nos tiene S.S. á todos á su lado; tiene la buena voluntad del Sr. Ministro de Hacienda, que me alegro me oiga. Si, pues, no hay ninguna dificultad sobre este punto; si el jefe del departamento del Tesoro, de quien depende la Casa de Moneda, sabemos que se halla muy bien dispuesto para resolver el problema de las Antillas, ¿dónde está la dificultad? La dificultad se la crea el señor Ministro de Ultramar complicando la cuestión del oro con la de la plata, cuando aquí, en la ley vigente, está la distinción, Sr. Ministro, que explica verdaderamente el sentido del art. 6.º Siempre hemos hablado de la recogida de la *moneda de plata* mejicana y su cambio por la española de plata también. No compliquemos ese tema con el del oro, pues cuando hemos hablado de monedas de todas clases, entendía tratar del duro y de la moneda fraccionaria de plata…

El Sr. Ministro de ULTRAMAR (Becerra): Aquí está la ley, y no lo dice así; además, S.S. sabe (y dispénsenme

S.S. y el Sr. Presidente que le interrumpa, porque así me parece que llegaremos más pronto á una aclaración), S.S. sabe que, no sólo habla la ley de todas clases de moneda, sino que tengo la seguridad de que no pasa siquiera por la cabeza de S.S. que en Puerto Rico sólo circule moneda de plata. Pero hay algo más: el Sr. Lastres sabe también que sus compañeros y amigos, al tratar de entenderse con el Ministro de Ultramar, para llegar á un arreglo respecto de la recogida de la moneda, empezaron por consignar en su pliego de condiciones que presentaron la acuñación de una determinada cantidad en oro.

Esto es cuanto tenía que aclarar, y doy las gracias al señor Presidente.

El Sr. LASTRES: Tiene razón el Sr. Ministro de Ultramar; he oído con mucho gusto sus aclaraciones, y voy á acabar de desvanecer sus escrúpulos.

Su señoría confunde las fechas. Aquí hay un problema preliminar, que es el urgente: el de ordenar que no circule ni un día más la moneda mejicana en Puerto Rico; después podrá venir la otra cuestión del oro, y si se le ha de dar premio en Puerto Rico; porque no hay más solución para el conflicto: ó se le quita el premio al oro en Cuba, ó se le da en Puerto Rico el mismo premio que tiene en Cuba.

De todas maneras, éste es un problema *á posteriori* y distinto del de la recogida de la plata mejicana, que es el urgente, y sobre el que importa rectificar un punto. He suplicado al Sr. Ministro de Ultramar que interesa muchísimo la solución de este problema, y como S.S. se cree obligado por leyes anteriores que afectan a la acuñación de la plata en nuestra Casa de Moneda, me permito llamar su atención acerca de que esa disposición prohibitiva sobre este particular ha quedado derogada por la ley de presupuestos que autoriza se acuñe en la Casa de Moneda la que se recoja de Puerto Rico.

Hay todavía más. Sr. Ministro; ese problema monetario, como es ya muy viejo, tiene un expediente voluminoso, en el que hay todos los datos necesarios para resolverlo, y entre ellos hace ocho días que me enteré de que existe en ese expediente una Real orden expedida por el Sr. Cos-Gayon siendo Ministro de Hacienda, diciendo que no hay dificultad en que la Casa de Moneda reacuñe, porque esta es la única solución, la moneda á que vengo refiriéndome.

De manera que no hay, para hacer lo que nosotros pedimos, dificultad de ninguna orden, y esto me importaba rectificarlo á S.S.

Por lo demás, reconozco con mucho gusto, porque es de todo punto exacto, que S.S. ha recibido siempre con su habitual amabilidad á las comisiones que se han acercado á hablarle de este asunto; y varias veces ¿por qué negarlo? ha hablado conmigo del particular. Pero la buena voluntad de S.S. no pasa de ahí, no se traduce en hechos prácticos y estos hechos, no buenas palabras y buenas disposiciones para Puerto Rico, como las que S.S. demuestra siempre, es lo que nosotros necesitamos para que la isla de Puerto Rico no continúe en la pendiente de ruina, que será inevitable si S.S. espera a resolver la cuestión tanto tiempo como me temo.

Tenga bien entendido el Sr. Ministro de Ultramar que en esto no hay desconfianza de ninguna especie, que son intereses legítimos los que me mueven á dirigirle esta excitación, y que no puedo menos de responder á las quejas constantes que de Puerto Rico nos dirigen preguntando qué hacemos y por qué no apremiamos al Gobierno para la resolución de problema tan grave.

Todas las autoridades de la pequeña Antilla, desde el Sr. Gobernador general hasta el último funcionario, están animadas de las mejores disposiciones, y en este punto la administración de la isla merece cumplido elogio, pero son impotentes para impedir el fraude; y por buenos deseos que tengan, no pueden evitar que entre cada vez más moneda mejicana y que cada veinticuatro horas se aumente la gravedad del problema. Por eso tenemos nosotros interés tan vivo en que se resuelva cuanto antes.

Voy á terminar, Sr. Presidente, contestando á la pregunta que me dirige el Sr. Ministro de Ultramar.

No necesitaba S.S. invocar sentimientos de caballerosidad y de dignidad; bastaba con que apelase á la lealtad y buen fe con que siempre discuto, para que me considerase obligado á acudir á su invitación. Yo, colocado en el puesto de S.S., convencido como S.S. debe estar de la gravedad del problema, y teniéndole estudiado, como seguramente lo tiene S.S., no tendría inconveniente en resolver la cuestión inmediatamente, porque datos bastantes hay para decidir, y con ello se conseguiría llevar la tranquilidad á Puerto Rico y desvanecer la alarma que fundadamente preocupa á los Diputados de aquella provincia.

Me parece que he contestado categóricamente á S.S.

El Sr. Ministro de ULTRAMAR (Becerra): Pido la palabra.

El Sr. VICEPRESIDENTE (Duque de Almodóvar del Río): La tiene V.S.

El Sr. Ministro de ULTRAMAR (Becerra): Muy pocas palabras me propongo decir. Al fin y al cabo, si yo no tratara más que de satisfacer las necesidades de la discusión, me bastaría con citar el artículo de la ley que me impide resolver esa cuestión, que me quita los medios para realizarlo, y que me pone en la situación de un matemático á quien se le mandara plantear una ecuación, pero negándole los datos indispensables para realizarlo.

Podría, pues, contestar que no es mía la culpa de que no se discuta ese presupuesto. Por eso he traído el presupuesto, por eso he pedido con tanta insistencia á la Cámara que para discutirlo celebrara sesiones dobles, triples, extraordinarias ó como le pareciese mejor; pero si no lo he conseguido, á mi no me toca hacer la menor crítica, sino someterme, como me someto siempre, á la alta sabiduría del Congreso.

Dice el Sr. Lastres que S.S. resolvería el problema. ¿Quiere decirme S.S. cómo? Porque yo, en interés del mercado de Puerto Rico, no tengo mejores ni mayores, pero tampoco menores ó peores deseos que S.S. Su señoría habla del contrabando, es verdad; pero S.S. no debe olvidar que sin grandes precauciones, al empezar el canje, reacuñación ó lo que sea, de la moneda, es cuando precisamente el contrabando ha de desarrollarse más; y bien se puede asegurar que cada puerto, cada ensenada de Puerto Rico ha de ser un río para introducir moneda mejicana. Y aquí debo añadir que los datos contenidos en el proyecto presentado por los señores representantes de aquel Banco sobre la ley de la moneda mejicana, datos buscados por ellos honrada y lealmente, no coinciden con los que yo tengo en mi poder de la Casa de la Moneda, y por consiguiente de un testigo de mayor excepción.

Respecto á la Real orden á que se refiere el Sr. Lastres, expedida por mi particular amigo el Sr. Cos-Gayón, presidente de la Junta de la moneda, yo recordaré lo acordado por el Sr. Puigcerver, y los informes emitidos por la Casa de la Moneda cuando, en unión del Sr. General Despujol y del Sr. Vijande, se procuró llegar á una solución.

Claro está que los Diputados de Ultramar cuentan con el buen deseo y con el eficaz apoyo del Sr. Ministro de Hacienda. ¡Pues no faltaba más! Los intereses de Puerto Rico son de España; los intereses de España son de Puerto Rico; pero con todo y con eso, el Ministro ha dado las razones de por qué no ha podido hasta ahora resolver el problema. ¿Cree S.S. que hay medio de resolverlo, y que él en este puesto lo resolvería inmediatamente? Pues en Madrid nos quedamos S.S. y el Ministro; y yo me comprometo con su señoría, si los medios que me propone caben dentro de la ley y pueden realizarse, á llevar á cabo la reforma; y tenga S.S. la seguridad de que, si puedo resolver el problema con S.S., no lo haré sólo. S.S. sabe que ni por las necesidades de la discusión ni por salir del apuro, como vulgarmente se dice, empeño yo palabra que no esté resuelto a cumplir dentro de la posibilidad.

No tengo más que decir.

El Sr. LASTRES: Pido la palabra.

El Sr. VICEPRESIDENTE (Duque de Almodóvar del Río):

La tiene S.S.

El Sr. LASTRES: Dos palabras solamente para dar gracias al Sr. Ministro de Ultramar por las que acaba de pronunciar, que son de mejor carácter que las que pronunció la contestarme por primera vez. Debo decirle, puesto que me invita á que le proponga medios para que ese problema sea resuelto, que si no lo hago ahora es porque el Reglamento no me lo permite; mas como por las noches vamos á tener un debate general sobre estos asuntos, en el me propongo intervenir, y diré á S.S. lo que pienso sobre el particular, porque afortunadamente iré bien acompañado (*El Sr. Gullón pide la palabra*), y diré á S.S. cómo entiendo que puede darse solución al problema, aplicando á Puerto Rico, por ejemplo, y entre otras, la solución dada á un asunto parecido por el ilustre estadista D. Juan Bravo Murillo, por medio de Real decreto, que sin duda conoce S.S. mejor que yo.

Para terminar diré que, efectivamente, si el canje de la moneda se hace en muchos días, se aumentarán las dificultades, porque se estimulará el fraude ó contrabando; en esto estamos conformes, y por eso los representantes de Puerto Rico pedimos que en un solo día se declare fuera de la circulación la moneda mejicana.

El Sr. CORRALES: Pido la palabra.

El Sr. VICEPRESIDENTE (Duque del Almodóvar del Río):

La tiene V.S.

El Sr. CORRALES: He pedido la palabra acerca de este incidente, para hacer una sencilla observación á mi particular amigo y compañero el Sr. Lastres. Su señoría ha dicho que para formular las preguntas y excitaciones que ha dirigido al Sr. Ministro de Ultramar contaba con la representación de todos los Sres. Diputados de Puerto Rico; y como yo tengo el inmerecido honor de ser uno de ellos, y no he tenido ocasión de conferir mis poderes, por insignificantes que éstos sean, al Sr. Lastres, no creo que falto á ningun género de consideraciones haciendo esta manifestación.

No he tenido el gusto de asistir á la última reunión de Senadores y Diputados de Puerto Rico, porque no he sido invitado. No culpo de esta falta a nadie; por el contrario, la disculpo, porque no puedo atribuirla a ningun mal propósito de parte de ningun compañero. Si hubiera asistido á esa reunión, en ella hubiese hecho la manifestación que ahora necesito hacer, y para la cual he pedido la palabra; y es la de que yo tengo el mismo interés que el Sr. Lastres y que todos los representantes de Puerto Rico por la pronta y satisfactoria solución del problema de la recogida de la moneda mejicana; lo único en que diferimos el Sr. Lastres y yo es en que S.S. cree que para llegar á ese resultado necesita excitar é interpelar al Sr. Ministro de Ultramar, mientras que yo creo que todas esas excitaciones son innecesarias desde el momento en que todos sabemos que el Sr. Ministro de Ultramar está dispuesto á estudiar este asunto sin levantar mano y resolverlo cuanto antes les sea posible, inspirándose en el interés de la justicia y en el interés de Puerto Rico.

El Sr. VICEPRESIDENTE (Duque de Almodóvar del Rio):

Voy á conceder la palabra al Sr. Lastres; pero ruego á S.S. que, para el debido cumplimiento del Reglamento, ya que se tiene cierta laxitud en su interpretación, no provoque sobre este asunto un debate largo, que estaría fuera de lugar.

El Sr. LASTRES: Tiene razón el Sr. Presidente, y voy a decir muy pocas palabras.

Únicamente he de manifestar a mi querido amigo el señor Corrales que me ha entendido mal, aunque yo creía haberme explicado bien. Lo que dije fue que en una reunión de Diputados y Senadores de Puerto Rico, todos los que á ella concurrieron me confiaron mandato especial para lo que he hecho hoy, y que estaba seguro que los que no me habían dado su representación opinaban lo mismo que nosotros en lo fundamental, y hasta he aludido a los señores autonomistas, que tampoco me han dado su representación, pero que en la exposición dirigida al Gobierno se manifiestan conformes con nosotros respecto de la gravedad y urgencia de resolver la cuestión monetaria de Puerto Rico.

El Sr. VICEPRESIDENTE (Duque de Almodóvar del Río): El Sr. Gullón tiene la palabra.

El Sr. GULLÓN: No pensaba ocuparme de ninguna manera de las gestiones hechas por la comisión á que acaba de aludir el Sr. Corrales, y de la que yo también formaba parte, comisión que, por cierto, salió muy complacida de su entrevista con el Sr. Ministro de Ultramar por la palabras benévolas y cariñosísimas con que el Sr. Ministro la recibió y las promesas que respecto de la cuestión de que se trata se sirvió hacerla; pero tengo que dar algunas explicaciones, porque parece que el Sr. Corrales nos censura a nosotros por la pregunta que el Sr. Lastres ha hecho al Sr. Ministro de Ultramar.

No creía yo que el Sr. Corrales encontrara ningún motivo para criticar ni a mi ni a los demás compañeros de diputación en la excitación que el Sr. Lastres ha dirigido al señor Ministro de Ultramar, excitación sumamente amable, y que no tenía otro objeto que procurar que quedase consignado de una manera terminante cuál era el criterio, no de D. Manuel Becerra, sino del Ministro de Ultramar, respecto de una cuestión á la cual todos concedemos un interés vitalísimo.

Descartado ya el punto relativo á la actitud que hemos tenido en esta cuestión, que creo que el Sr. Corrales no podrá menos de aprobar, paso á hacer una pregunta al señor Ministro de Ultramar, que juzgo en estos momentos muy importante.

Su señoría parecía indicar que la única dificultad que tenía para resolver la cuestión monetaria en Puerto Rico era que en la ley de presupuestos hoy vigente, aprobada el año pasado, no se había señalado premio ó aumento de valor para el oro que se llevase á Puerto Rico, que esta causa era la que había impedido hasta ahora que el Sr. Ministro de Ultramar resolviese tal cuestión, y mientras el presupuesto presentado no se aprobara, consideraba S.S. sumamente difícil todo remedio.

Á mí me han satisfecho mucho las palabras que ha dirigido el Sr. Lastres al Sr. Ministro de Ultramar y su promesa de ponerse de acuerdo con él para procurar resolver esta cuestión, á ser posible, por los medios que el Sr. Lastres pueda facilitarle durante el verano. Pero, señores, nos quedan pocas horas, ó por lo menos pocos días de vida parlamentaria, y yo no puedo resignarme tranquilamente á que se deje en tal estado la cuestión durante todo lo que resta de verano, para luego quedar completamente imposibilitados de obtener una solución completa y satisfactoria.

Por tanto, me atrevo á rogar al Sr. Ministro que, si no tiene inconveniente, se sirva decirnos si realmente, en concepto de S.S., la falta de autorización que echa de menos en la vigente ley de presupuestos es lo único que se opone á la solución completa de este asunto, y que si así es, no ya á mí se sirva manifestar, sino á todos los Sres. Diputados de Ultramar, incluso los autonomistas, porque todos estamos de acuerdo en este punto, si podemos contar con la ayuda del Gobierno para, en las pocas ó muchas horas que queden de vida parlamentaria, sacar adelante una proposición de ley reducida única y exclusivamente, ya que los presupuestos, según parece, no han de poder ser aprobados, á conceder á S.S. la autorización necesaria para abonar al oro el premio que es preciso asignarle para que la moneda de esa clase haya de permanecer en Puerto Rico.

El Sr. Ministro de ULTRAMAR (Becerra): Pido la palabra.

El Sr. VICEPRESIDENTE (Duque de Almodóvar del Río): La tiene V.S.

El Sr. Ministro de ULTRAMAR (Becerra): Tengo poquísimo que contestar á mi amigo el Sr. Gullón. Indudablemente, aquello á que se refiere S.S. es una de las dificultades mayores que para resolver la cuestión encuentro, pero no es la única, pues como S.S. recordará, he indicado también otra. Pero, en fin, es una dificultad que el Gobierno no pueda dar al oro el premio que tiene en el mercado sin estar autorizado para ello por una ley.

Ahora bien: si SS. SS. presentan una proposición de ley que esté de acuerdo con lo que dice el presupuesto respecto al particular, el Ministro no se opondrá en manera alguna á que sea aprobada; pero si está en desacuerdo con lo que dice el presupuesto, no tendrá más remedio que oponerse; porque, como SS. comprenderá, eso sería discutir y combatir de una manera indirecta el presupuesto, cuando no puede ni debe hacerse así.

Respecto á si en las pocas horas que puedan estar abiertas las Cortes puede resolverse ó no ese problema, el señor Gullón comprende perfectamente que mi contestación tiene que ser la misma que he dado al Sr. Lastres: yo no puedo comprometerme, porque no depende de mi voluntad, á que esta cuestión quede resuelta en tal ó cual plazo y en tal ó cual sentido.

El Sr. GULLÓN: Pido la palabra.

El Sr. VICEPRESIDENTE (Duque de Almodóvar del Río): La tiene V.S.

El Sr. GULLÓN: He tenido, por lo visto, la desgracia de que, por la precipitación con que hablo, y además porque sin duda me he expresado mal, S.S. no haya comprendido la idea que antes he tenido el honor de exponer.

Entre las causas que en sentir del Sr. Ministro se oponen á la resolución definitiva del problema monetario, me ha parecido percibir que la única que en concepto de S.S. ofrecía superior y trascendental dificultad era la de carecer S.S. de autorización especial para llevar á Puerto Rico la cantidad de oro que en el presupuesto presentado por S.S. se estima necesaria, y con el premio preciso para que quede allí en la forma que todos estamos conformes en desear.

Como además S.S. tiene actualmente, no sólo una autorización, sino, como ha dicho el Sr. Lastres perfectamente, un precepto, un mandato imperativo para llevar al mercado de Puerto Rico la moneda de todas clases que sea necesaria en aquella isla, yo estimo que podría cumplir perfectamente S.S. con esta disposición, contando como cuenta con el crédito necesario, ó por mejor decir, con crédito abierto en el presupuesto, con todo el crédito que pueda necesitar para llevar á cabo esta reforma.

Yo siento mucho discutir en este sitio con un amigo tan respetable para mí, y á quien tanto estimo, porque hubiérame agradado mucho más hacerle estas reflexiones particularmente; pero como se ha suscitado esta cuestión, creo estoy obligado á exponer la forma en que á mi juicio pudiera resolverse rápidamente esta dificultad que nos pone S.S. ahora por primera vez de manifiesto, ya que todos convenimos en que urge mucho proveer de moneda nacional aquel mercado.

Dice S.S. que careciendo, como S.S. echa de ver ahora que carece en el presupuesto de Puerto Rico, de una autorización especial para fijar el oro de una manera estable, por medio de premio ó de un sobrepremio, á fin de que no se convierta el mercado de Puerto Rico en posada de una sola noche; que el carecer, repito, de esa autorización le hace creer que el llevar moneda de oro sería perjudicial para Puerto Rico, puesto que se recargaría su presupuesto con la cantidad necesaria para realizar esa modificación, y que al poco tiempo quedaría sin ese beneficio aquel mercado. Pues bien, puesto que á S.S. lo único que le falta es la autorización necesaria para mandar oro allí fijándole el premio de 6 por 100, y teniendo en cuenta que de las palabras que tuvimos ocasión de oir ayer con motivo de la pregunta dirigida por el Sr. Labra, se deduce que los presupuestos de Cuba y de Puerto Rico no han de resultar aprobados en este ejercicio, yo digo: ya que va á ser imposible, ó poco menos, aprobar este presupuesto, ¿por qué no aprobamos una proposición en la que se fije que el oro se llevará á Puerto Rico en las condiciones que todos juzgamos precisas, agregándole allí para este fin un sobreprecio de 6 por 100? Esta proposición no tendrá S.S. inconveniente en aceptarla.

Pero digo más...*(El Sr. Presidente agita la campanilla.)*

Señor Presidente, estoy desarrollando consideraciones de verdadera importancia, y muy relacionadas con el interesantísimo asunto que aquí se ha suscitado; pero prometo á S.S. que terminaré muy en breve.

El Sr. VICEPRESIDENTE (Duque de Almodóvar del Río):

Yo no dudo de la importancia; dudo de la sazón en que se está desenvolviendo este debate. Ruego á S.S. se sirva ceñirse á la cuestión.

El Sr. GULLÓN: Yo defiero á la observación del Sr. Presidente, por más que podría discutir con S.S. si tengo ó no derecho para ocuparme de esto; pero voy á decir tan solo cuatro palabras, y suplico á S.S. tenga conmigo cierta benevolencia.

Estando el Sr. Ministro de Ultramar convencido de la transcendencia que para Puerto Rico tiene este asunto, y de lo importante que es resolverlo, y tropezando, como S.S. hoy nos ha expresado, con las dificultades legales que S.S. ha expuesto, debo expresarle que á mí, aun teniendo gran confianza en las palabras de S.S., no me basta su simple promesa de tomar este asunto con interés. Yo deseo que su señoría, con la autoridad que le prestan su puesto y sus años, venga a recomendar este asunto á nuestros amigos y correligionarios para que en uno ó en dos días pueda pasar por ambas Cámaras la proposición de ley á que me he referido, así como han pasado ayer unos cuantos proyectos importantes para el Gobierno, pero yo entiendo que de ninguna manera eran más interesantes para región alguna que lo es para la isla de Puerto Rico la resolución del conflicto que todos vemos llegar, y al que, sin embargo, no se pone remedio.

El Sr. Ministro de ULTRAMAR (Becerra): Pido la palabra.

El Sr. VICEPRESIDENTE (Duque de Almodóvar del Río): La tiene V.S.

El Sr. Ministro de ULTRAMAR (Becerra): Tengo muy poco que decir.

Había entendido perfectamente á mi amigo el Sr. Gullón, pues cualquiera que sea la torpeza de mi inteligencia, su señoría se había explicado con tal claridad que necesariamente tenía que comprenderle.

Yo hubiera deseado que se discutieran y aprobaran los presupuestos de Cuba y de Puerto Rico, y para eso no hay nada que yo considere como sacrificio. Ayer mismo, y dirigiéndome á las oposiciones, hacía mi súplica de que se discutieran estos presupuestos, y esta súplica la repito hoy; pero si, contra mi voluntad, no puedo hacer efectivo mi deseo, y el Sr. Gullón, que parece tener motivos fundados para creer que los presupuestos de Puerto Rico no se han de discutir, quiere que se apruebe una proposición de ley independiente de los presupuestos para que desaparezca la dificultad de que se trata, yo no tengo en ello inconveniente. ¿Es esto? (El Sr. *Gullón:* Perfectamente.)

Pues así lo había entendido yo. El Gobierno no tiene por qué presentar un proyecto de ley; pero si presenta S.S. ó presentan sus amigos una proposición de ley acerca de esta materia, el Ministro de Ultramar y el Gobierno en general la apoyarán con todas sus fuerzas para que llegue á ser ley. Y digo que el Gobierno no presentará un proyecto de ley, no porque lo rechace, sino porque lo que pide S.S. está en un artículo del presupuesto.

¿Me ha entendido bien S.S.?»

VI

Conformes estamos con las apreciaciones que el digno Diputado Sr. Lastres hace en su interpelación, pues tienden á obtener del Ministro de Ultramar declaraciones explícitas acerca de la paralización en que se encuentra el que viene llamándose problema monetario de Puerto Rico. Pero no podemos estarlo igualmente, ni con los argumentos empleados por el Sr. Ministro para cohonestar la continuación, por tiempo indefinido, del *statu quo*, ni tampoco con las indicaciones que hace en su discurso de contestación, relativas á si pudiera presumirse que sus muchos é importantes quehaceres o la pereza no le permitieran ocuparse en el examen y resolución del problema, ya porque se le supusieran intenciones contrarias á Puerto Rico, ó ya porque se atribuyera al Ministro el pensamiento de aplazar esta cuestión ó de abandonar el banco azul antes de resolverla.

No hay ni puede haber nada de eso. Convencidos estamos, por el contrario, de la actividad del Sr. Becerra y del interés que le inspiran sus sentimientos patrióticos y levantados, para resolver, sin tregua, los asuntos mas vitales de su departamento, figurando el que nos ocupa entre los de marcadísima preferencia. Ésta es nuestra convicción, corroborada por las propias declaraciones del Sr. Ministro, y por lo tanto, con la mayor confianza esperamos que no ha de abandonar su cartera dejando pendiente una resolución tan reclamada por la provincia española de Puerto Rico. No, del patriotismo del Sr. Becerra, del eminente hombre público que, defendiendo los intereses del pueblo, logró alcanzar el Poder, con tan general aplauso, no podemos menos de prometernos que sabrá cumplir su deber, ya que con tanta insistencia se lo demanda uno de los pueblos que fían sus destinos á la honradez y a la lealtad, tan probadas del hombre ilustre, en cuya sola mano está hoy la satisfacción cumplida de una apremiante necesidad.

Descartados, pues no existen, todos cuantos obstáculos pudieran atribuirse á las intenciones siempre rectas y nobles del Sr. Ministro, hemos de exponer algunas consideraciones en apoyo de la manifestación, de que no nos parecían decisivos los razonamientos de que se había valido para disculpar la continuación, por tiempo indefinido, del *statu quo*.

Dos son las principales dificultades que el Sr. Ministro

de Ultramar encuentra para resolver la cuestión; analicémoslas, aplicando el criterio que informa las medidas de buen gobierno, cuando un pueblo ó una comarca solicita y desea el buen cumplimiento de las leyes que vienen á ocurrir á necesidad tan generalmente sentida, cual la que al presente experimenta Puerto Rico.

Es la primera de esas dificultades que cita el Sr. Ministro, la falta de una ley que le autorice para dar á la moneda de oro en Puerto Rico el sobreprecio que tiene en Cuba. Pero ésta no es dificultad, porque el Sr. Ministro no necesita dar á la moneda de oro ningún sobreprecio, sino atenerse á la unidad monetaria verdadera, según previene la ley, aplicándola á las provincias de Ultramar del mismo modo que se halla establecida en las de la Península. En todo caso, más legal sería quitar el premio al oro en Cuba, como muy acertadamente indicó el Sr. Lastres, respetándose así la base fundamental de la unidad monetaria, según está ordenado, á la cual no se llegaría jamás si se consintiese que cada provincia creara gabelas ó sobreprecios que alteraran el patrón monetario nacional establecido y autorizado por las leyes generales del Estado. ¿Podría decírsenos en virtud de qué ley existe el sobreprecio que tiene el oro en Cuba? Ninguna disposición conocemos que consienta esa gabela, la cual fué, no obstante, aceptada sin contradicción en aquel mercado desde tiempo inmemorial, llegando á tener fuerza por la costumbre solamente, por más que ocasione este abuso no pequeñas perturbaciones en el orden monetario nacional, que tiempo es ya de corregir. Y de todas maneras, dice muy bien el Sr. Lastres, que este aspecto del asunto que nos ocupa, es un problema *á posteriori* y que nada tiene que ver con la recogida y acuñación de la plata mejicana de Puerto Rico, que es lo urgente.

Y ahora nos parece oportuno rectificar el concepto equivocado del Sr. Ministro al manifestar que cuando los compañeros y amigos del Sr. Lastres trataban de entenderse con él para llegar á un acuerdo respecto á la recogida de la moneda, empezaron por consignar en un pliego de condiciones (que no es pliego de condiciones, sino la resolución del problema monetario, modificable tanto cuanto sea necesario) la acuñación de una determinada cantidad de oro. En este particular debemos recordar al Sr. Ministro que los compañeros del Sr. Lastres, que cita, le presentaron con fecha 1º. de Abril de 1889 la adición aclaratoria que queda inserta, y que forma parte integrante del proyecto que habían sometido anteriormente á su consideración, modificando su criterio en vista de los datos y razones suministrados por el Sr. Superintendente de la Casa de la Moneda, en el sentido de proponer la acuñación y canje de plata por plata, dejando la adquisición de la parte proporcional para acuñar en monedas de oro y de cobre, que el Sr. Ministro de Ultramar estimara conveniente autorizar, para hacerla en operación separada, con arreglo á lo que se expresa en dicha adición.

Por lo demás, ya hemos dicho que no coincidimos con el Sr. Ministro en el temor que abriga de que Puerto Rico sea para el oro posada de una noche aun en el caso de que, sin sobreprecio allí, continuara sosteniéndose el que tiene en Cuba. Y no lo tememos, por las siguientes razones. Puerto Rico no importa de Cuba más que algunos tabacos elaborados y cigarrillos, en pequeña escala, mientras que, en cambio, le envía la mitad próximamente de su cosecha anual de café, y el total de la de tabaco de buenas calidades, sumando ambas exportaciones alrededor de dos millones y medio de pesos. Tiene, pues, Puerto Rico que recibir fondos de Cuba y no que enviarlos, y no es necesaria, por consiguiente, la exportación de monedas.

Se nos dirá acaso que pudiera despertarse la especulación para la compra de letras sobre el extranjero; pero como éstas, en todo caso, son pagaderas en oro, no podrá producir violencia oro contra oro, por lo que, empleando las mismas frases del Sr. Ministro, de que el capital es como los líquidos, que buscan su nivel, pronto resultaría agotado el móvil de tal especulación, porque buscarían su nivel natural los cambios en Puerto Rico, en relación de la moneda de oro á la par, con los de Cuba en proporción de la misma moneda con el 6 por 100 de gabela. Los principios económicos son inexorables, y al establecerse un patrón monetario como base legal y verdadera de toda transacción financiera, todos los errores desaparecerán más tarde ó más temprano, y la ciencia determinará el centro de gravedad, el nivel de que hablaba el Sr. Ministro de Ultramar. Igual premio que en la actualidad, tenía en Cuba el oro allá por los años 1873 á 1877, y sin embargo, entraba en Puerto Rico en tal proporción, para pago de sus frutos, que la escasez de la plata se hizo notar, al extremo de que en el cambio de una onza por monedas de plata se perdía medio duro.

Más adelante aduciremos otras razones respecto á este extremo, englobadas con las necesarias para tratar directa y especialmente otros puntos principales.

Las segunda dificultad que detiene al Sr. Ministro, es la de que una ley de carácter general y los decretos para su cumplimiento dictados sobre la Casa de Moneda, así como también los repetidos informes de la Junta directiva de la misma, prohiben terminantemente acuñar moneda que no sea española; de suerte que añadía: «La recogida en Puerto Rico vendría aquí como *pasta*, y como pasta se vendería ó como *pasta* se pagaría lo convenido á la Casa de Moneda, y se le pagaría en plata, y si lo exigía, en oro.» Y más adelante decía: «El Ministro, que deseaba llevar al mercado de Puerto Rico, no moneda especial (*prohibida por la ley*), sino de cuño español (*según ordena la ley*), y encontrándose con que un duro mejicano vale 16 reales en Cuba, 19 en Puerto Rico y 20 en Filipinas no podía resolver como quería la cuestión, etc...» Á esto sólo se nos ocurre preguntar: ¿cuánto vale el duro español, ó sea la pieza de 5 pesetas que se propone como base para el canje? Pues no podrá contestarnos sino que intrínsecamente vale un real y medio menos que el peso mejicano, según arrojan todas las pruebas hasta ahora practicadas; y si esto es así, ¿qué obstáculo puede ofrecer para la resolución de la cuestión, el dar una moneda de menos valor en cambio de otra que lo tenga mayor? No lo alcanzamos.

En cuanto á la prohibición referida de acuñar moneda que no sea española, tampoco nos la podemos explicar, cuando todos los días se está acuñando en la Casa de Moneda plata y oro en barras, que no son moneda española hasta después de la acuñación, y entonces ya holgaría la autorización para volverla á acuñar. Sobre este extremo ha contestado razonablemente el Sr. Lastres, pero además preguntamos nosotros: y los sesenta y tantos mil pesos en moneda mejicana donados por la colonia española en Méjico para la construcción del cañorero *Nueva España*, según ya hemos dicho, ¿no han sido acuñados? Indudablemente lo fueron, y por consiguiente no creemos que deba existir impedimento para que se acuñe también la moneda que venga de Puerto Rico, mucho más estando prescrito en la vigente ley de presupuestos. Comprendemos que las disposiciones citadas por el Sr. Ministro prohiban acuñar en la fábrica nacional Libras esterlinas, Reich-marks, Francos, Liras, etc., pero entender que tal prohibición alcance á impedir que dichas monedas fundidas puedan acuñarse con el troquel español, con sujeción á la vigente ley monetaria, no es, en sentir nuestro, interpretar fielmente el precepto legal.

Por lo que respecta á la forma en que vendría á Madrid

la moneda de plata recogida en la pequeña Antilla y si se habría de apreciar ó no como pasta, y como tal venderla la Casa de Moneda, pagándosele en plata ó en oro, creemos que no deben ofrecerse dudas, porque la operación de compra-venta se haría por cuenta de la provincia española de Puerto Rico, y siendo, por lo tanto, vendedor el mismo comprador, no cabe regateo en el ajuste.

El Sr. Ministro de Ultramar, como genuino representante de la pequeña Antilla, puede fijar el precio á la moneda mejicana que se entregue como pasta en la Casa de Moneda é igualmente á la que se reciba de dicho establecimiento después de acuñada, evitándose de este modo perjudiciales diferencias. Y entiéndase que hablamos en el concepto de que por ser Puerto Rico una provincia de la Monarquía que acepta el sistema monetario nacional, no es imaginable que haya quien se proponga atentar contra sus intereses en lo más mínimo, y antes bien es preciso suponer que se la favorecerá, en todo lo posible, dentro de la legalidad y sin perjuicio alguno para las demás provincias hermanas. Así es que no se trata de una especulación ó un negocio con Puerto Rico, cual pudiera hacerse con un país extranjero al que conviniera comprarle, al precio más bajo posible, metales en pasta para acuñar en beneficio general del Estado. Lo natural, lo lógico y legal es cumplir la ley relativa á la unidad monetaria en beneficio ó perjuicio de aquella provincia, cargando á su presupuesto lo que falte, ó abonándole lo que sobre, puesto que en él existe abierto el crédito necesario.

Tampoco debe perjudicarse individualmente á los habitantes de Puerto Rico dándoles monedas que no correspondan, en su valor intrínseco, á las que entreguen al canje, después de deducida la proporción de gastos necesarios para llevar á cabo la operación. Queremos decir que si un individuo cualquiera entrega para el canje en Puerto Rico cien duros mejicanos, que, según informe previo, por su mayor valor intrínseco, cubren el valor de cien duros españoles mas los gastos referidos, no debe recibir menos de aquella suma:[5] solo en el caso de que el exceso de valor no fuera suficiente á cubrir capital equivalente y gastos, sería procedente limitar, en justa proporción, la cantidad devolutiva. Éste es el proceder más equitativo y recto para evitar enojos y censuras que andando el tiempo no habrían de faltar.

Volviendo ahora á las manifestaciones hechas por el señor Ministro, y prescindiendo de los impedimentos á que se refiere para resolver la cuestión palpitante que nos ocupa, impedimentos ilusorios á juicio del Sr. Lastres y del nuestro, citaremos los datos que al parecer necesita el Sr. Ministro de Ultramar para «salir de la situación de un matemático á quien se le mandara plantear una ecuación, pero negándole aquellos indispensables para realizarla.»

Esos datos son, á nuestro entender, los que se fijan en el proyecto adjunto, confeccionado á instancias del Sr. Becerra, y que si no coinciden con los que tiene en su poder de la Casa de la Moneda, será por carencia de autoridad ó del auxilio oficial para adquirirlos, no por falta de buena voluntad, honradez y lealtad, según reconoce el Sr. Becerra, en los comisionados del Banco que con él trataron del asunto, y á quienes ofreció ponerles al corriente de cualquiera error ó duda que surgiera después de examinado el proyecto por el Sr. Ministro de Hacienda y Jefe de la Casa de la Moneda, á fin de que pudiesen modificarlo ó subsanarlo con la mayor escrupulosidad. Y el caso es que hasta el presente, ignoran aquellos comisionados en qué consisten esas

---

[5] Entiéndase que siempre que hablamos de duros nos referimos á piezas de 5 pesetas.

discrepancias que, después de todo, no alterarán en gran cosa lo esencial del problema á cuya solución no se aspira sin minuciosa rectificación. Para lograrlo, se necesita más franqueza, más decisión y más apoyo en las regiones oficiales. ¿Quiere hallarse rigurosamente la verdad en los cálculos? Pues nómbrese una comisión competente á la cual se faciliten oficialmente y sin omisiones, deficiencias ni oscuridades todos los datos existentes; depúrense, y con ellos á la vista, de una manera resuelta, llévese á cabo la operación del canje, en un brevísimo plazo y ya sin más dilaciones, porque son grandes los perjuicios que se están ocasionando al país, á cuyas justas pretensiones consagramos noble y desinteresadamente nuestra pobre inteligencia y nuestras débiles fuerzas.

Hemos trazado á grandes rasgos nuestro pensamiento sobre la cuestión monetaria de Puerto Rico, procurando atenuar nuestras impresiones y guardar el respeto y la consideración que nos merecen opiniones y personas que á nuestro modo de ver se oponen. Podríamos aducir mas extensas consideraciones de orden económico y aun social, en apoyo de nuestras convicciones profundas y arraigadas; pero desistimos, en la persuasión de que lo expuesto ha de bastar para inclinar a favor de la pequeña Antilla el ánimo de los gobernantes. ¡Plegue al cielo que en esta ocasión no se pierda, como en tantas otras, nuestra voz en el vacío!

No faltará quien alegue que nos mueven interesadas aspiraciones. Á esto, que se ha deslizado ya para desvirtuar nuestras quejas, nos bastará replicar que, en efecto, desde el año 1860, nos ocupamos honradamente, en la pequeña Antilla, de los negocios mercantiles, y por consiguiente, no es maravilla que abriguemos en nuestro corazón sentimientos sinceros en pro de los intereses y bienestar general de aquella leal porción de la patria.

Se supondrá, asimismo, que por nuestro carácter de concesionarios y accionistas del desgraciado Banco portorriqueño, nos anima interés desmedido en el canje; pero debe creérsenos bajo palabra de honradez y pureza, que ese, más que cargo, es injuriosa imputación. Somos accionistas y concesionarios, como todos los demás compañeros por puro patriotismo -por más que parezca extraño- y sin otro estímulo ni otra ambición que facilitar al país, que amamos como nuestra patria, los medios de fundar una institución de crédito eminentemente nacional, muchos años ha reclamada por la opinión y por las exigencias naturales del desenvolvimiento económico de los tiempos modernos. Y el que de ello dude, sepa, para ahora y para siempre, que todos los concesionarios de aquel establecimiento resueltos estamos á ceder graciosamente nuestros derechos y acciones á los que miren con codicia ó estimen como negocio calculado, lo que es sólo impulso de generosidad mal apreciada y de no bien comprendido desinterés.

Pero, después de todo, podrán oírse al presente con desdén nuestros cálculos, nuestras quejas y nuestras afirmaciones; porque al fin y al cabo, como se dijo en el Parlamento, *«en Puerto Rico todo se puede hacer impunemente...»* pero á nosotros nos quedará siempre la satisfacción de haber cumplido nuestro deber, y si hoy se desconoce la generosidad de nuestros impulsos y de nuestras miras, día vendrá en que se nos hará justicia.

Madrid 20 de Agosto de 1889.

POST SCRIPTUM

Impresas ya las precedentes páginas, hemos recibido de Puerto Rico nuevas noticias y opiniones relativas al asunto.

Témese, en primer término, que los bonos ó billetes que se emitiesen con carácter provisional para hacer el canje, ya estuviesen librados por el Banco ó ya por la Intendencia general de Hacienda de aquella provincia, según se comisionase, para intervenir en la operación, á uno ó á otro centro, no fuesen recogidos puntualmente al espirar el plazo que se hubiese determinado por la Autoridad, en los primeros momentos de la emisión. Ante ese temor, se opina que sería conveniente proyectar la operación á cambio de metálico por metálico, adquiriendo el necesario mediante un empréstito garantido por el Estado y por el presupuesto de Puerto Rico, durante un plazo de seis ó nueve meses, que sería suficiente, y con el interés anual más equitativo.

Surgen también dudas sobre si conviene ó no establecer como base del patrón monetario para las transacciones mercantiles, en aquel país, la moneda de oro, una vez que, dado el cálculo de los resultados de la acuñación de la plata, se ve que arroja un producto suficiente á cubrir los gastos de adquisición de 4/5 del total canjeable en aquel metal.

Ambas consideraciones merecen nuestra atención, porque las consideraciones razonables y fáciles de llevar á la práctica. Ocúrresenos, sin embargo, algo que vamos á expresar brevemente.

En cuanto al empréstito indicado para canjear por metálico, y en el cual podría tomar una parte el Banco Español de Puerto Rico, entendemos que, calculando un término máximo de nueve meses y un tipo de interés anual al 5 por 100, el empréstito costaría $225.000, por lo cual sería prudente prescindir de ese nuevo sacrificio, confiando en el Gobierno y en el Sr. Ministro de Ultramar, que indudablemente velarán por la exactitud y cumplimiento riguroso de la operación, en los términos de nuestro proyecto. Sólo así podrá ver el país realizada la operación con los menores quebrantos y en el más breve plazo.

Tampoco recomendaríamos un sistema mixto, de que también se habló para dicha operación; esto es, el empleo de una parte en papel y otra en metálico, porque, aun siendo corto el período de duración del empréstito, vendría forzosamente el natural desequilibrio entre ambos valores representativos de moneda nacional, pues sólo uno de ellos circularía en la Península. Opinamos, por tanto, que la operación debe hacerse cambiando simplemente metálico por metálico ó metálico por papel en totalidad.

Por lo que toca al establecimiento del oro como base de las transacciones interiores de Puerto Rico, ya hemos manifestado, en otro lugar, que hacíamos nuestras las palabras del Sr. Lastres: «Esta es cuestión *á posteriori* que el país podrá estudiar si halla medios hábiles de realizarla, según ocurrió en Cuba.»

Sea como quiera, ninguna de estas nuevas ideas puede interrumpir la realización del canje en breve plazo, pues en cualquier caso, todo se reducirá á que el poseedor de la moneda mejicana reciba en mayor ó menor cantidad en moneda española. En este concepto nos parece oportuno estampar á continuación el resultado aproximado del canje que se realizase de cualquiera de las maneras indicadas, resumiendo, al efecto, los datos que se consignan en el proyecto y su adición preinsertos.

Cálculos basados sobre la operación de canje por billetes provisionales

Beneficio obtenible en la reacuñación de
$ 6.000.000 mejicanos[6].................................$ 506.666.66

Á DEDUCIR

Gastos, transportes, seguros, etc., en el supuesto de que no sea preciso el abono de 2 ½ pesetas por kilogramo á la Casa de la Moneda[7] $ 250.000

Para obtener en monedas
de plata y bronce............$ 2.500.000
Idem de oro................. 3.500.000
                             $ 6.000.000
Costos de adquisión de $ 3.500.000
en oro.
Cambio sobre París. 3 ¾ %
Comisión de compra,
transporte, seguro, etc....... 3/4 % = 4 ½ %   157.500
                                                 407.500
                        Beneficio............. $ 99.166,66

Según se ve, en esta forma resultarían los pesos mejicanos canjeables á la par y un sobrante de $99.166,66.

---

[6] Véase la demostración, pág. 18.
[7] Véase la adición aclaratoria, pág. 22.

Cálculos basados sobre la operación de canje á metálico

Gastos, transportes, seguros, etc.,
según queda indicado en el cudro anterior……………………. $ 250.000
Quedando sin efecto la emisión de bonos
provisionales, se suprime el costo……………………………...$ 50.000
------------ $ 200.000
Empréstito de $ 6.000.000 por nueve meses
al 5 por 100 anual: intereses…………………………………………..$ 225.000

Para obtener en monedas
de plata y de bronce $ 2.500.000
Idem de oro………..$ 3.500.000
$6.000.000

Costo de adquisición de $ 3.500.000
en moneda de oro.
Cambio sobre París…… 3 ¾ %
Comisión de compra,
Transporte, seguro, etc…3/4 % = 4 ½ % [8]   157.500
$ 582.500

Beneficio obtenible en la acuñación de
$ 6.000.000 mejicanos……………………………..$ 506.666,66

Quebranto…………..$ 75.833,34

---

[8] Obsérvese que entre el tipo de cambio en Febrero y el actual existe un alza de 1 por 100, equivalente á $35.000 de mayor costo, infructuoso para la operación, y que aquella continúa.

Según se ve, en esta forma se reducirían los $6.000.000 mejicanos á $5.924.166,66 españoles, resultando un tipo de $0,98.73 para el canje de cada peso mejicano. La operación así, después de realizado el empréstito, sería indudablemente mucho más sencilla y breve, con probabilidad de hallar alguna economía en comisiones y otros gastos, que permitiría acercarse al canje del peso mejicano á la par.

PAGINAS DE ACTUALIDAD

LA
CUESTION MONETARIA
EN
PUERTO RICO
Y

EL SR. BASTÓN

MADRID-1894-MAYO

MADRID

Imprenta de la "REVISTA DE NAVEGACIÓN Y COMERCIO"
Sagaste, núm 19.

RAZÓN DE ESTE FOLLETO

La crisis monetaria por que atraviesa la isla de Puerto Rico con detrimento gravísimo para sus intereses generales, el haber llegado esa cuestión á su período supremo y el parecernos que por ninguna parte aparece la solución perentoria que se ahoga en el piélago insondable del expedienteo tradicional y de nuestra archifamosa pusilanimidad burocrática, son las circunstancias que nos mueven á publicar este folleto para recoger en él lo que hasta ahora se ha hecho en la materia, á nuestro juicio, más trascendental é importante, á saber: la labor perseverante y las proposiciones presentadas por el exdiputado á Cortes don Francisco Bastón y Cortón.

¡Quiera Dios que estos rápidos apuntes sirvan para que en medio de tantas sombras se vea alguna luz y para que, al resplandecer la justicia, se aprecie por los llamados á realizarla la única solución viable que hasta ahora se ha dado al urgentísimo problema!

Juan Perales.

Madrid 25 de Mayo de 1894.

DON FRANCISCO BASTON.

(APUNTES BIOGRÁFICOS)

Apuntes biográficos hemos dicho, y casi estábamos á punto de borrarlo, pues no es una biografía lo que nos proponemos ni lo que, siquiera en apuntes brevísimos, cabe en este sitio. Lo que queremos hacer es únicamente recoger por orden cronológico los servicios á Puerto Rico prestados por este ilustre español que al otro de los mares ha representado con honra y enaltecido con desvelo la causa de la patria. El nombre de Bastón es popular en aquella isla, al decir *Don Pancho*, todo el mundo sabe, adversarios y amigos, que se trata de uno de los más celosos defensores de sus intereses y de uno de los más enérgicos sacerdotes de su progreso sin límites. Las causas de esa inmensa popularidad son de tan manifiesta justicia, que nada nos parece tan eficaz como el enumerarlas para que todos comprendan aquí en la Península los títulos del Sr. Bastón, su ciencia probada y su dilatada experiencia en el asunto, para proponerle una solución bienhechora.

Residente desde muy joven en aquel país, luego que su genio mercantil y su trabajo perseverante diéronle medios de ser útil á aquella tierra, lanzóse á la vida pública con grave detrimento para su fortuna personal; pero con incalculables ventajas para aquella tierra á que por siempre consagrara su inteligencia clara y su indomable voluntad. De entonces acá, raro es el año que no registra alguna nueva obra trascendental de sus nobles iniciativas.

Dígalo con sus fechas la historia y con sus números la estadística:

1865. – Concejal síndico del Ayuntamiento de Puerto Rico, el Sr. Bastón conságrase á restablecer una escrupulosa moralidad administrativa. Acostumbrada aquel municipio hacer por administración sus obras, y excusado es decir á cuántas inmoralidades se presta el sistema. Con todas ellas acabó el conspicuo concejal organizando las subastas á que habían de someterse todas las obras municipales, y con ello se consiguieron, además de grandes garantías morales, grandes beneficios económicos.

1866. – Nombrado juez del Tribunal de Comercio, Bastón supo volverle el prestigio que pretendiera arrebatarle un venal funcionario, y desde entonces el tribunal convirtióse en verdadera égida para las clases mercantiles, en vez de ser amparador de no muy claros negocios.

1868. – El patriotismo habla en Bastón, irresistible y potente, y se hace el campeón infatigable del comercio directo con la Península, siendo quien por primera vez levantase la bandera del cabotaje entre la patria peninsular y sus provincias ultramarinas.

1872. – Cuando el Gobierno implantó el sistema de patentes para el cobro de la contribución, reforma gravísima que venía á aumentar los tributos en un 500 por 100, Bastón, muy joven todavía, púsose ardorosamente á la cabeza de un movimiento de defensa contra aquella absurda medida. Nombróse una representación de la Agricultura y del Comercio que con la Hacienda discutiese, y Bastón, presidente de aquellos representados, sostuvo el peso de la discusión, cuyo resumen llevó con respetuosa entereza al Capitán genera, haciendo en el ánimo de éste efecto tan profundo aquellos argumentos irrefutables, que al punto lo autorizó para publicar en la prensa la noticia de que quedaba en suspenso la reforma. Pues bien, aquella campaña del infatigable é ilustre Bastón reportó al Comercio y á la Industria de Puerto Rico una economía de unos doscientos mil pesos anuales, que en veintidós años significan una suma de *cuatro millones cuatrocientos mil pesos*, ahorrados por Bastón á la fuerzas vivas de su país adoptivo.

1876. – Bastón va á la Alcaldía de Puerto Rico, á impulsos del aura popular, y su nombre hízose ilustre en aquel dificilísimo y eminente puesto. Cedió al municipio su sueldo de tres mil pesos al año, durante los dieciocho meses que fue alcalde, y dotó á la capital de la isla de un lazareto, un hospital y un mercado modelo, además de otras reformas urbanas esencialísimas que hacen imperecedero allí su grato recuerdo.

1879. – Arráigase la inmensa popularidad del señor Bastón con los votos unánimes de un distrito que le envió por su diputado á las Cortes, donde inmediatamente emprendió laboriosa campaña en pro de los intereses puerto-

8

puertorriqueños. Pero en aquel año registra la historia de este hombre, generoso é integérrimo, otro hecho más importante aún para el estudio de su carácter y para la estimación de sus méritos: hiciéronsele desde Madrid proposiciones para que colaborase al establecimiento allí de un Banco privilegiado, ofreciéndole en premio *doscientos mil pesos* en acciones liberadas, y Bastón, en lugar de aceptar atendiendo á sus intereses, declaró guerra sin tregua al proyecto, con el cual dio traste, por creerlo funesto al presente y al porvenir de la hermosa antilla en que habían puesto sus codicias ciertos agiotistas.

1880-81. – Años memorables en esta vida modelo de trabajo y sacrificio. Bastón vuelve á la Alcaldía de la capital en momentos de general angustia y hondas dificultades. Exhausto el Tesoro municipal, nadie cobraba, y la policía había dejado la población abandonada á los malhechores, y los demás empleados tenían casi en suspenso la vida municipal. El primer acto del alcalde fue pagar todos los atrasos, anticipando de su bolsillo particular y sin interés alguno á aquella Hacienda en ruinas, *doce mil pesos*. A los ocho días, la población había cambiado de aspecto.

1881. – El proyecto de Lesseps para canalizar el istmo de Panamá, hallábase en todo su apogeo; parecía que la magna obra había de ser un hecho, y Bastón, solícito siempre por todo cuanto interesara á Puerto Rico, adivinó para éste un gran porvenir en aquella obra que había de hacerlo escala obligada para cuantos barcos se dirigieran al Pacífico y que en la pequeña antilla habían de proveerse de carbón y de vituallas. Para esto había, sin embargo, una dificultad insuperable, en el estado deplorable de aquel puerto. El Sr. Bastón entonces, de acuerdo con el Capitán general, provocó una reunión de comerciantes

9

para hacerles presente la conveniencia de la limpia del puerto y los recursos que á ello cómodamente podrían aplicarse. Estos recursos podían ser, además de las subvenciones que dieran el Ayuntamiento y la provincia, un impuesto de dos pesetas y media por tonelada desembarcada en aquel puerto, lo cual produciría de veinticinco á treinta mil pesos anuales. Fue aceptada la proposición, y apenas reunidos los primeros quince mil duros empezaron las obras que tanto han hecho subir la importancia y la riqueza del puerto de San Juan.

1882-83. –Los grandes talentos financieros de Bastón encontraron por aquellos años campo adecuado y medio propio. Nombrósele Director-Administrador del *Crédito mercantil*, cuya situación estaba entonces por todo extremo comprometida. Sus negocios apenas producían insignificantes dividendos, y esto había establecido una profunda corriente de hostilidad entre la dirección y los accionistas. Los partidarios de la liquidación de la Sociedad eran muchos y valiosos, y contra todos riñó el Sr. Bastón la batalla, con profundos aciertos que luego confirmara la realidad. En efecto: el primer año de su gestión –puramente gratuita por cierto,- hizo subir el dividendo de 15.266 pesos á ochenta y seis mil, es decir, un 560 por 100 más. Esta prosperidad acentuóse, y en dos años y medio logró un beneficio de 245.507 pesos, mientras que las anteriores administraciones, en cinco años y un mes, sólo habían obtenido 176.733 pesos.

En aquella época de plena y fecunda actividad financiera, empezó nuestro eminente biografiado á ocuparse en la solución de la crisis monetaria puertorriqueña. A propuesta suya, y ante la gravedad de las circunstancias que hacían inminente un conflicto moral para los intereses de la isla, el *Crédito Mercantil* acordó ofrecerse al Gobierno para realizar por su cuenta el canje de la moneda mexicana por otra del cuño nacional, sin detrimento para nadie ni menoscabo para derecho alguno. El *Crédito Mercantil* acordó su confianza al Sr. Bastón para que viniera á Madrid con objeto de entenderse directamente con el Gobierno de S.M., cosa que llevó á cabo, obteniendo maravillosos éxitos.

Los resultados de aquel viaje fueron: 1º. la rebaja del 1 por 100 de balanza que pagaba el comercio, rebaja que significaba una ganancia de 30.000 pesos por año, que en los diez transcurridos desde entonces dan una suma más de 300.000 pesos que el Sr. Bastón debe abonarse en su *haber* contra los intereses de la isla; 2º. dejar bien encaminada la cuestión monetaria en el sentido planteado por el *Crédito Mercantil*, y 3º. la aprobación de los estatutos de aquella Sociedad, sin que fuera menester liquidarla como el Gobierno pretendió, y con lo cual el Sr. Bastón repartió á los accionistas la suma de un millon ciento cuarenta y nueve mil pesos en billetes, cupones y numerario, producto de los bonos creados para el pago de la extinción de la esclavitud.

Y, ¡lo que son las grandes injusticias de los pueblos! Entonces fue cuando Bastón, que parecía llamado en aquellos momentos al triunfo definitivo y á la victoriosa apoteosis, vióse precisamente entonces combatido por todos los odios y por todos los depechos. Los que envidiaban sus aciertos como los que en su honradez encontraron un obstáculo insuperable para sus codicias, lograron sacar á flote una confabulación obscura en contra del respetable patricio que, combatido desde entonces á sangre y fuego, y azotado por la calumnia, tuvo que dejar antes de llegar á la mitad tanta generosa empresa y tanta fecunda labor.

No escarmentó, sin embargo, ante aquellas ingratitudes de unos pocos el Sr. Bastón, y ha continuado siempre luchando por resolverle á Puerto Rico el mas arduo de sus problemas económicos, el de la crisis monetaria que á todas partes llega con la amenaza y con la ruina. La que fue proposición del *Credito Mercantil*, hala hecho suya el Sr. Bastón, que á aquella Sociedad se la prestara, y cuantas veces se ha puesto sobre el tapete el asunto, otras tantas ha vuelto á la brecha el incansable defensor de los intereses puertorriqueños.

A continuación publicamos las exposiciones en que el Sr. Bastón, cada vez robustecida con nuevos argumentos, propone al poder central su manera de resolver el arduo asunto. Aquí sólo nos resta preguntar á todos: un hombre del temple del Sr. Bastón, y con su hoja de servicios á Puerto Rico, tan conocedor de aquel país y de sus necesidades, ¿no está absolutamente capacitado para que sea decisivasu intervención al dar una salida beneficiosa á la cuestión monetaria?

12

LAS EXPOSICIONES.
LAS TRES PRIMERAS.

Por no tener á la vista los textos, nos vemos obligados á publicarlas en extracto:

La primera – 26 de Septiembre de 1883 – hace la historia de los perjuicios que el país sufre con la plata extranjera allí circulante, siendo la causa principal de aquélla la admisión que el Tesoro público ha concedido á dicha plata por virtud de la real orden de 22 de Febrero de 1879. También contiene las bases de proposiciones aprobadas por toda, la provincia y aceptadas por el Gobierno general así como por el Centro de Hacienda de aquella isla.

La segunda exposición – 31 Diciembre de 1883 – amplía algunas consideraciones conducentes á garantir más y más la operación de la conversión de la plata.

La tercera – 5 de Enero de 1894 – dice, entre otras cosas, lo siguiente:

«La acuñación de la moneda puede hacerse por el Estado, y se hace por regla general como tributo á la soberanía, y, al mismo tiempo, como garantía de autenticidad de aquel signo de valor y de aquel instrumento de cambio; pero se halla también autorizada por el art. 8º. de la Ley de 26 de Junio de 1864 y por el 7º. del decreto de 19 de Octubre de 1868 la acuñación de las barras de oro y plata que presenten los particulares, acuñación que, como es natural, se permite en mayor ó menor cantidad, según sea la escasez ó la abundancia de numerario en el mercado.

Hoy día, á causa de la abundancia de numerario en la Península, por real orden de 25 de Marzo de 1878, se halla suspendida la admisión de pastas de plata; pero ni tal disposición puede estimarse aplicable á las provincias de Ultramar, ni aun siéndolo, podría considerarse de aplicación al caso presente, que, real y verdaderamente, debe resolverse por otras disposiciónes y bajo otro punto de vista.

Aquí se trata, pura y simplemente, de retirar una moneda de legal circulación, como son los pesos mejicanos. Ahora bien: para retirarlos de la cir culación y sustituirlos con otra moneda, ¿qué procede hacer? Pues ni más ni menos que lo que en otros casos análogos se ha hecho: por medio de un acto administrativo dictar las reglas convenientes y adecuadas á cada caso particular.

Pero se dirá: ¿puede hacerlo por sí sola la Administración? ¿Se ha considerado necesario en dichos otros casos la intervención del poder legislativo?

Para responder á estas preguntas basta fijarse en la real orden de 8 de Mayo de 1878 y en la de 10 de Marzo de 1881, que se han dictado por el poder ejecutivo sin autorización alguna de las Cortes y, por lo tanto, sin las formalidades exigidas para la publicación de cualquier disposición legislativa.

Es, pues, jurisprudencia ya constante y admitida que la Administración por sí y ante sí puede resolver tales asuntos, y por consiguiente, están ya por la práctica reconocidas las facultades de V.E. para dictar la resolución que estime conveniente acerca del fondo del asunto objeto de las anteriores instancias y también de la presente. Y aun cuando así no fuera tampoco podrían negarse por nadie las facultades que á V.E. le concedieran las Cámaras, consignadas en el art. 9º. de los presupuestos generales de Puerto Rico, para poner término al conflicto monetario de aquella provincia.»

LA CUARTA

Don Francisco Bastón y Cortón á V.E. con la mayor consideración manifiesta:

Que en las exposiciones de 26 de Septiembre, 31 de Diciembre del año próximo pasado y 5 de Enero último, tuvo ocasión de hacer presente la imperiosa necesidad de que V.E. dictase una medida que pusiera apropiado remedio al malestar que aqueja actualmente á la provincia, causado por la funesta circulación de la moneda mejicana.

Cuatro meses há, Excmo. Sr., que en representación de la provincia se ocupa el exponente en este trascendental asunto, sin que hasta el momento presente haya podido grangear otra cosa que el obtener se incoara un expediente que cada día parece traer consigo nuevas é invencibles demoras; siendo esto hasta tal punto exacto, que el ministerio de Hacienda aún no ha podido evacuar su informe con la festinación que el caso requería, y en cumplimiento de la real orden expedida por el antecesor de V.E., el cual tuvo á bien exigir la pronta terminación del informe añadiendo entre otros particulares «que la cuestión monetaria de Puerto Rico es de tan especial índole y la solución de tal urgencia, que llevaba aparejada la cuestión de orden público» siendo este concepto, emitido en un documento oficial por el Sr. Ministro, el mejor y más elocuente alegato que pudiera presentarse en defensa de los sagrados intereses que se nos han confiado.

A pesar de ese respetable testimonio, cuya sola exposición basta á hacer inútiles y ociosas nuevas consideraciones, conceptúa, sin embargo, necesario y pertinente el que suscribe añadir algunas otras, á fin de dar ampliación á las ya emitidas en las exposiciones anteriormente presentadas á ese Ministerio.

Es achaque antiguo y universal preocupación de la Administración nuestra el acoger hasta cierto punto con recelo y desconfianza toda proposición elevada por particulares al Gobierno; esta susceptibilidad es, en cierto modo, digna de aplauso, porque ella revela, cuando menos, un altísimo celo a favor de los intereses del Estado, confiados, en primer término, á la tutela del poder público.

Empero en la ocasión presente es una verdad incontrovertible, como se hará palpable en el curso de este escrito, que antes que á su propia utilidad y á su beneficio propio, la Sociedad Anónima del Crédito Mercantil ha tenido más en cuenta el hacer viable para el Gobierno la solución del conflicto económico, coadyuvando á ella en la medida de las fuerzas de que dispone.

La aspiración unánime de la isla de Puerto Rico, manifestada públicamente en las reuniones que tuvieron efecto en la capital de la provincia, es unificar su moneda con la de su madre España. Puerto Rico quiere que en vez de ver circular profusamente la moneda de una nación, con la cual ni aun relaciones comerciales sostiene, sea reemplazada aquélla por la del busto del nuestro augusto monarca D. Alfonso XII (Q.D.G.) y represente el símbolo de nuestra nacionalidad.

Puerto Rico quiere vender su azúcar, su café, su tabaco y todos los productos de su fecundo suelo por moneda nacional ó por oro y letras sobre Europa, como anteriormente se verificaba, manteniéndose de tal suerte el equilibrio de los cambios y evitándose la pérdida que hoy se sufre de un 15 á un 20 por 100.

Puerto Rico quiere que desaparezca de una vez para siempre el agiotaje de los especuladores de afuera, que no sólo invaden la isla para la compra de sus productos, sino que también efectúan aquél en la compra de letras sobre Londres, siendo esto causa de que se mantengan á tan alto precio los cambios. La razón de que se recurra para estos fines con marcada predilección á Puerto Rico, consiste principalmente en que es este el único país *en el cual el Gobierno admite en el Tesoro público como nacional la moneda extranjera.*

En grave preocupación creer que se pagan á más alto precio los frutos comprados con moneda mejicana: basta para desvanecer tan notable error consignar que los únicos que se aprovechan de este beneficio son los especuladores de afuera. La cantidad de productos que Puerto Rico cosecha es sumamente limitada en comparación con la producción agrícola de otros países, por cuya razón no puede imponerse y tiene, mal de su grado, que seguir las vicisitudes en precios de sus similares.

Puerto Rico, al anticiparse, por órgano de la Sociedad Anónima de Crédito Mercantil, á formular una proposición en la cual se ofrece beneficiar al Tesoro de la nación y al de Puerto Rico, y como resultado de esto, á los intereses generales de dicha provincia, quiere evitar se reproduzca ahora la pérdida que aun con pesar y espanto recuerda haber sufrido (de un 12 ½ por 100) cuando en 1856 se efectuó el cambio de la plata macuquina, decretado *ab irato*.

Puerto Rico quiere que el presente conflicto económico originado á consecuencia de la real orden de 22 de Febrero de 1879, por la cual se dió entrada al peso mejicano en su Tesoro, se resuelva como lo aconsejan de consuno la equidad y la prudencia: esto es, sin producir ninguna especie de perturbación á los intereses generales de la isla.

Se trata pura y simplemente de variar una moneda española por otra, y por consiguienteno pueden aplicarse en el presente caso las medidas administrativas que regulan hoy en la Nación la forma de verificar la acuñación de moneda; no existe tampoco ninguna ley sobre cuestión monetaria en las provincias de Ultramar, y sí tienen sancionado las Cortes autorizar al excelentísimo Sr. Ministro para que resuelva el conflicto monetario de la pequeña antilla.

Puerto Rico quiere desarrollar, ensanchar y acrecentar sus operaciones con la Metrópoli, uniendo sus intereses comerciales, que constituyen el fundamento del verdadero vínculo para los políticos, por estar estos últimos íntimamente ligados á los primeros.

Si por acaso se nos arguyera que la plata mejicana posee mejores condiciones de ley, etc. etc., que la actual española, podríamos responder á esa objeción con el siguiente irrecusable dato: -en Madrid, Barcelona y demás plazas del comercio de España, las letras sobre Londres se compran en plata española al 1, 1½, 2 por 100: en Puerto Rico cuesta 15 á 16 premio, compradas con pesos mejicanos. Ahora bien; ¿está el beneficio á favor de la plata mejicana ó de la española?

Puerto Rico quiere y espera que encontrándose como se encuentra actualmente recolectando la nueva cosecha del presente año de azúcar, café y tabaco, impida el Gobierno la entrada de las remesas de pesos mejicanos que se disponen á enviar á la isla los especuladores, evitando de este modo aumentar los perjuicios que hace tiempo viene soportando la provincia con la resignación de su acrisolada lealtad.

Resumiendo, Excmo. Sr., los puntos más importantes, para no molestar por más tiempo la benévola atención de V.E., la isla de Puerto Rico, representada en esta ocasión por la Sociedad Anónima de Crédito Mercantil, desea y solicita:

1º. Que se le dispense justicia igual á la concedida á sus otras hermanas las provincias ultramarinas donde, como ha ocurrido últimamente en Filipinas, se ha reacuñado la plata mejicana. Puerto Rico no posee Casa de Moneda y pide igual concesión para efectuar dicho trabajo en la Casa de Moneda de Madrid ú otra parte, satisfaciendo al Estado lo que preceptúa la ley de 1864 por derechos de acuñación.

2º. Que se derogue la real orden de 29 de Febrero de 1879, por la cual dióse entrada al peso mejicano en el Tesoro de la isla.

3º. Que la concesión otorgada por las Cortes al Excmo. Sr. Ministro de Ultramar para resolver el conflicto monetario, y consignado en el art. 9º. De los presupuestos generales de la isla, se lleve á efecto con la urgencia que la gravedad del caso requiere.

4º. Que en el caso de no dignarse V.E. resolver sin más tramitaciones el conflicto monetario, se sirva ordenar se haga un extracto de las citadas exposiciones presentadas por el que suscribe, y se dé cuenta de ellas en el primer Consejo de Ministros.

Desea y suplica, por último, el que suscribe, á nombre de la provincia, cuyo clamor incesante se eleva tiempo ha al Gobierno de la isla y al de Su Magestad, que se hagan cesar los abusos inherentes á su estado monetario, haciendo desaparecer la moneda menuda que circula allí, y la constituyen *botones de hueso y pedazos de hoja de lata*. Signo monetario que ha tomado carta de naturaleza, sin que pueda remediarse este abuso por carecersede numerario legal que sustituya á aquella otra convencional que las circunstancias, con funesta fatalidad, han impuesto.

Esta situación, Excmo. Sr., es insostenible, y, en mi humilde sentir, no existe razón de Estado ni ninguna otra razón que pueda permitir se prolongue por más tiempo la anormalidad que atraviesa la isla.

Y esta verdad de lo que allí fatalmente acontece, la hallará V.E. comprobada en las comunicaciones que ha dirigido al ministerio de su digno cargo el ilustre Gobernador general que rige los destinos de aquella provincia.

Rara vez, Excmo. Sr., se presenta en la vida de los pueblos á su gobernante la feliz ocasión de poder realizar una de esas fecundas medidas que son imperecederas en la historia y se conservan con gratitud eterna hacia el bienhechor que supo satisfacer en sazón oportuna las justas aspiraciones de sus gobernados.

En atención á todo lo anteriormente expuesto, el que suscribe recurre á V.E. suplicando que de no resolver el Gobierno de S.M. por su exclusiva cuenta, y con procedimientos propios, la conversión de la plata mejicana, sin apartarse, por supuesto, en este caso, de la base 3ª, consignada en la primera solicitud del exponente, que ofrece cambiar un peso mejicano por otro del cuño español, sin pérdida alguna para el poseedor del peso mejicano, se digne otorgar la concesión á la Sociedad Anónima del Crédito Mercantil de

Puerto Rico, la cual se halla dispuesta á ofrecer al Gobierno de S.M. cuantas garantías juzgue necesarias para la seguridad y firme éxito de la operación.

Madrid 3 de Febrero de 1884. –Excmo. Sr.–*Francisco Bastón Cortón.*»

LA QUINTA

Don Francisco Bastón y Cortón, residente actualmente en Barcelona, ante V.E. con la mayor consideración expone:

Que hace diez años tiene presentadas al ministerio de su digno cargo varias exposiciones y singularmente una de 3 de Febrero de 1884, en que hace presente los inmensos perjuicios que irroga á la riqueza pública y por consiguiente á todos los intereses generales de aquella isla, la circulación de la plata mexicana admitida por el Tesoro como moneda nacional.

Tales perjuicios resultan en indiscutible evidencia con sólo exponer sumariamente los hechos mismos. Los agiotistas de fuera de la isla que con moneda mexicana compran los productos de aquel suelo feraz, son los únicos á quienes aprovecha la real orden funesta de 22 de Febrero de 1879, por la cual convirtióse en moneda española una moneda extranjera, depreciada para todos los mercados en un 20 ó en un 30 por 100, más ó menos, según el estado de cada plaza comercial, y que sólo allí, en la provincia infortunada en que «todo puede hacerse impunemente», según la frase amarga de un antecesor de V.E., circula con el privilegio inexplicable de su valor íntegro, salvo para la Hacienda pública, que no lo recibe más que con un descuento del 5 por 100, en sus relaciones con aquel atribulado comercio.

De tal hecho emana, Excmo. Sr., el desequilibrio en los cambios –representado por un 25 ó 30 por 100 de pérdida, - y por arte del cual precipítase Puerto Rico á su pobreza total ahora, y á su completa ruina como postrer lastimoso resultado.

Se funda esta opinión en que según la balanza mercantil publicada por la intendencia, el país tiene una importación de 12 millones de pesos, para pagar los cuales necesita recurrir á la compra de giros que le cuestan de 20 á 30 por 100, lo cual significa una pérdida de dos y medio millones de pesos que satisfacían todas las clases consumidoras ó sea todos los habitantes de la Isla.

Es esto tan cierto y por tal modo lo corrobora una penosa experiencia de largos años de dificultades económicas, que todas las fuerzas vivas de la sociedad puertorriqueña, con rara unanimidad y con perseverancia digna de más lisonjeros resultados, han manifestado siempre el deseo vehemente de que se las redima de semejante yugo de una moneda extranjera y de que se la sustituya por una moneda uniforme y genuinamente nacional. En esa expresión de un deseo ferviente, aquel comercio empobrecido y aquellas industrias agrícolas castigadas, y todo aquel pueblo amenazado de un conflicto permanente, han aducido no sólo las razones económicas, sino también las razones más altas del más puro patriotismo, pues es realmente doloroso que una provincia española use para sus transacciones mercantiles, no la moneda honrada por el busto de nuestro monarca el augusto Don Alfonso XIII sino la señalada por el símbolo republicano de un país con el que no sostiene el nuestro siquiera ni comerciales relaciones de la mutua amistad.

A mayor abundamiento, y como dato pintoresco del estado monetario de la isla de Puerto Rico, he de señalar al claro juicio de V.E. que están aún recientes las disposiciones por ese ministerio dictadas para que en la Fábrica de Moneda de Manila se acuñen monedas fraccionarias para las transacciones menudas. Pues bien, Puerto Rico, que no posee Casa de Moneda, tiene solicitado, con repetidas instancias, el que se le permita acuñar en la Fábrica de Madrid, pagando los derechos preceptuados, esa misma clase de moneda de que allí se carece, hasta el punto de estar hoy representada, en las transacciones del pequeño comercio y como único caudal de las clases pobres, por botones de hueso y pedazos de hoja de lata, original signo numerario poco de acuerdo con el progreso de un país contemporáneo y nada en armonía con una rigurosidad moralidad.

Mas es lo cierto que después de haber V.E. dispuesto con su excelente criterio habitual, que en aquella isla se hiciera sobre el asunto una amplia información, es ocioso insistir en argumentos que esa propia información ha dejado con toda claridad definidos y robustecidos por toda suerte de irrebatibles razones.

Después de tal información, y como el art. 25 de los cuales presupuestos, sancionados ya por las Cortes del reino, autorizan á V.E. para resolver el asunto, trátase sólo de que V.E. dicte una orden para el cambio de una moneda por otra, persuadido de que ese cambio, en vez de lesionar interés alguno legítimo, daría satisfacción y vida á todos los de España, tanto de la España peninsular como de aquella España leal y laboriosa olvidada en las sombras del Atlántico, tanto para el Tesoro de la Península como para el Tesoro de la pequeña Antilla.

Revestido con verdadero lujo de formalidades el largo expediente de este asunto interminable, autorizado para resolverlo por la nación misma el señor ministro, ¿qué razón podría invocarse para retrasar otra vez é indefinidamente la anhelada solución?

Si tampoco meditaron los antecesores de V.E. la desaparición de la moneda macuquina, á pesar de que produjo el quebranto de un 12 por 100 á sus poseedores, y la nacionalización de la moneda mexicana, á pesar de los perjuicios ya señalados en resumen, ¿por qué ha de imponérsele á V.E. la necesidad de una larga meditación sobre una solución para el problema monetario, que produciría bienes para todos y daño para ninguno? Todo, pues, depende de la buena voluntad probada de V.E., de su arrogante virilidad y de sus gallardas iniciativas, y lo cierto es, excelentísimo señor, que rara vez se presentan á un estadista ocasiones como éstas en que puede prestarse á un país un servicio de imperecedera memoria, sin lastimar un solo interés ni desoir una sola aspiración sincera.

Por todo lo cual, y habiendo sido el exponente el primer iniciador de este proyecto, según lo comprueba el expediente incoado en el ministerio que hoy tan dignamente representa V.E., á V.E. suplica que dé por reiterada la proposición que en aquellas exposiciones hiciera, pues aunque hayan variado algunas circunstancias de las cosas, no han variado en éstas su parte substancial, y que, para el caso en que el Gobierno de S.M. no resuelva por sí y con sus propios recursos la cuestión, tenga presente el señor ministro la base tercera consignada en la primera solicitud del exponente, y por la cual ofrecía cambiar la moneda oficial mexicana legal y de ley por otra del cuño español, sin detrimento alguno para el poseedor de aquélla.

Madrid 8 de Febrero de 1894.

LA SEXTA.

Francisco Bastón Cortón, residente actualmente en Barcelona, según lo acredita con su cédula de vecindad núm. 2.820, clase 9ª., y profesión del comercio, ante V.E. y con la mayor consideración expone:

Que, en 8 Febrero último presentó al antecesor de V.E. una exposición referente al cange de la moneda mejicana existente en Puerto Rico, proponiendo cambiar un duro mejicano por otro del cuño español, sin perjuicio alguno para el poseedor del primero y ofreciendo además satisfacer al Estado los derechos por acuñación de moneda.

Recordaba á la vez que, hace diez años, ha sido iniciador del proyecto del cange monetario, según consta en el expediente instruído en el ministerio de su digno cargo, y que se dignara el señor ministro tener presente estas circunstancias para los fines que procedieran en justicia.

Parece ocioso y hasta pecar de molesto aportar nuevos datos y aducir nuevas razones en pro de una cuestión que V.E. conoce minuciosamente y en todos sus detalles; pero es una verdad incuestionable que en estos últimos tiempos ha revestido y reviste un carácter de suma gravedad el asunto, y de tal suerte se han hecho llegar á la corte los deseos unánimes de aquella lejana provincia para que se adopte por V.E. una medida eficaz y salvadora que le ponga término á aquel conflicto económico, que de no realizarse con la festinación que los intereses de aquel país y su opinión reclaman, creo que podrán sobrevenir días luctuosos para gobernantes y gobernados, como se acaban de reflejar en Aguadilla, Mayagüez y otras poblaciones de primer orden que tienen tanta importancia como la capital de la isla.

Y no sería de extrañar que así sucediera, si se tienen en cuenta las manifestaciones que la prensa de todos los matices políticos, así como las cartas particulares que de allí llegan, denuncian á diario, los abusos que se comenten, introduciendo fraudulentamente moneda mejicana, á espaldas de la ley, que lo prohibe en absoluto.

En atención á los particulares que preceden, someto á la superior atención de V.E. la nueva proposición que hago, en la que no dudo encontrará V.E. facilidades para dar una solución práctica y beneficiosa á todos los intereses, ya sean los del Estado, ya los de aquella infortunada región.

Hela aquí:
1º. Se compromete el exponente á satisfacer al Estado la cantidad de 200.000 pesos por el cange de la moneda mejicana por la del cuño español, siempre que se le otorgue la concesión de acuñar y cambiar un duro mejicano por otro del cuño nacional.
2º. Satisfará además la cantidad de pesos 100.000, para sufragar los gastos del personal de inspección que fuera necesario mientras dure la acuñación de la nueva moneda.
3º. Se le facilitará cuanto sea preciso para efectuar esa acuñación, sin gravamen al presupuesto de aquella provinicia ni al de la nación misma.
4º. El Gobierno destinará un edificio del Estado ó fortaleza para establecer la fábrica de acuñación de moneda; de este modo estarán vigilados y atendidos sus intereses, y podrá evitarse cualquier abuso que se intentara cometer.
5º. El que suscribe se compromete á poner á poner á disposición del Gobierno á los noventa días de haberle hecho la concesión todos los útiles que sean necesarios para dar comienzo á los trabajos de reacuñación, comprometiéndose á la vez á fijar el término de cuatro meses como mínimum y el de seis cmo máximum, concluída que sea la instalación de la fábrica para acuñar la moneda legal y de ley que circule en la isla de Puerto Rico y que habrá de ser necesariamente en duros y moneda fraccionaria de igual ley á las españolas.
6º. Admitirá el duro mejicano por otro del cuño español, al precio que lo recibe la Real Hacienda de Puerto Rico, esto es, á noventa y cinco centavos, ó sean diecinueve reales vellón.
7º. Será objeto de un reglamento interino señalar las bases que deben establecerse para la percepción de la moneda que se entregue para acuñar y la devolución de la misma, así como determinar los procedimientos que deben adoptarse para llevar á efecto esta operación.

21

He aquí, excelentísimo señor, condensados todos los pormenores del segundo proyecto.

Revestido como se encuentra el mencionado expediente con toda suerte de formalidades; autorizado como está V.E. por el artículo 25 de los presupuestos vigentes, sancionados por las Cortes del Reino, para resolver todo lo concerniente á la cuestión monetaria, ¿qué razón podría invocarse para demorar un solo día más la anhelada solución?

Es evidente que con el nuevo proyecto quedan á salvo los intereses generales, con beneficios positivos para todos, y se pone á un conflicto el término que ha diez años reclaman todas las fuerzas vivas de aquella isla, cuyos intereses están confiados en primer término á la tutela de V.E.

Por eso les inspira confianza ilimitada el preclaro nombre de V.E. y esperan de sus altas dotes de estadista, que será V.E. el llamado á redimirlos del yugo opresor en que los tiene sumidos esa funesta moneda que tantos quebrantos y perjuicios irroga á aquel país sin ventura.

Esperan con ferviente anhelo el venturoso día en que puedan unificar su sistema monetario con el de su madre España, y represente el símbolo de la patria.

Para el cumplimiento de todo lo aquí expresado, ofrece al Gobierno de Su Majestad todas las garantías que sean necesarias para el mejor éxito de la operación.

Ruega y suplica, por último, el exponente, que en el caso que el Gobierno no resuelva el mencionado cange monetario con sus recursos propios, y sin lesionar por cualquier otro medio que se adopte la riqueza pública de aquel país, se digne resolver la cuestión a favor del que suscribe; haciendo presente al excelentísimo señor ministro, que la proposición anterior y la presente tienen el carácter de permanentes hasta que se resuelva este asunto. Es gracia que no duda alcanzar de la recta justificación de V.E.

En Madrid á 18 de Abril de 1894.

Excelentísimo señor.

FRANCISCO BASTÓN CORTÓN.

22

INCIDENTE PARLAMENTARIO

SESIÓN DEL 23 DE MAYO EN EL CONGRESO.

El Sr. MARTIN SANCHEZ: Pido la palabra.

El Sr. VICEPRESIDENTE (Lastres): La tiene S.S.

El Sr. MARTIN SANCHEZ: Después del notable discurso que ha pronunciado mi digno amigo el Sr. Días Caneja, y faltando pocos minutos para entrar en el orden del día, sólo he de manifestar que como las dos cuestiones principales, las que más interesan hoy á Puerto Rico, son la del derribo de murallas y la del canje de moneda, me levanto nada más que para suplicar al señor ministro de Ultramar que haga lo posible por que vengan cuanto antes al Congreso los presupuestos de Puerto Rico, donde quizás hayan de incluirse cantidades para dar solución á ambos importantes asuntos, especialmente el del canje de la moneda, que creo ha de costar dinero. Y como los presupuestos de la Península, no sólo no están puestos á discusión, sino que han de tardar algunos dias en venir á la Cámara, podíamos aprovechar este lapso de tiempo para discutir los de Puerto Rico, en los cuales estamos dispuestos todos los diputados de la isla á votar el crédito que el señor ministro de Ultramar considere necesario para que se pueda hacer el canje de moneda, y, si es posible, el derribo de las murallas.

El Sr. VICEPRESIDENTE (Lastres): El señor ministro de Ultramar tiene la palabra.

El señor ministro de ULTRAMAR (Becerra): Son pocas las que tengo que contestar para dejar satisfecho al Sr. Martín Sánchez.

Tiene razón S.S.: claro está que el problema monetario no

se resuelve sin gastar mucho. Afortunadamente, el presupuesto de Puerto Rico viene estando constantemente tan desahogado, que bien puede esperarse la inclusión de los gastos que eso puede ocasionar. Los presupuestos de Puerto Rico son fáciles de hacer; pero sabe S.S. que antes de formarlos el ministerio de Ultramar tienen que venir informados por la Intendencia y por el gobernador de aquella isla. Puedo, sin embargo, ofrecer á S.S. que tardarán poco en venir á la Cámara.

Es cuanto puedo decir á S.S., y me alegraré que quede satisfecho con mi contestación.

24

PARA CONCLUIR.

———————

Esos son los hechos.

Ahí están las exposiciones del Sr. Bastón, que explícita y terminantemente declaran que la operación hecha por él, con las facilidades que dentro de su facultades puede otorgarle el Gobierno, y en particular el minitro de Ultramar, no costaría gasto ni quebranto alguno al presupuesto de la Península ni al de Puerto Rico, y está también ahí el incidente parlamentario, en el cual declarara el Sr. Becerra, á instancias del diputado Sr. Martín Sánchez, que en el presupuesto se consignará una partida, y no pequeña, que el señor ministro considera indispensable para la conversión monetaria.

Es decir, que se hará la operación según parece, pero no *gratuitamente*, como proponía el Sr. Bastón, sino costosamente como anuncia el señor ministro.

El país juzgará. Juzgarán los señores diputados y senadores llamados á dar la sanción de sus votos al proyecto del Gobierno; juzgará la opinión misma de aquel país infortunado, y juzgarán la agricultura en ruina y el comercio en peligro de Puerto Rico, de los cuales ha sido siempre defensor solícito, y es, en este caso, campeón vencido pero perversamente y fiel, el Sr. Bastón y Cortón.

EXPOSICIÓN

QUE ACERCA DE LA CUESTION MONETARIA

ELEVA

al Excmo. Sr. Ministro de Ultramar

LA CÁMARA OFICIAL

DE COMERCIO, INDUSTRIA Y NAVEGACIÓN

DE
SAN JUAN DE PUERTO-RICO.

PUERTO-RICO.

TIPOGRAFÍA DEL BOLETIN MERCANTIL.
Calle de la Fortaleza, 24 y 26.

1894

Excmo. Sr. Ministro de Ultramar:

EXCMO. SEÑOR:

La CÁMARA DE COMERCIO de San Juan de Puerto Rico, y en su representación el Presidente y Secretario general que suscriben, tienen el honor de elevar á V.E. la manifestación de sus aspiraciones legítimas y patrióticas, en la seguridad de que ha de ser atendida por el Gobierno de S.M.

No la inspira un ciego egoísmo, ni la alientan mezquinos intereses: un alto sentido de justicia la guía, un espíritu de previsión para evitar conflictos sociales la aconseja, y al hacerse eco del clamor general, del disgusto del comercio, de las fundadísimas quejas de los consumidores, y del malestar cada dia más grave de las clases desheredadas de la fortuna, vuelve los ojos al Gobierno Supremo, para que, haciéndose cargo de la angustiosa situación monetaria de Puerto-Rico, dé solución urgente, enérgica y patriótica á la anarquía que nos agobia, si no quiere lamentar, en porvenir no lejano, las tristes consecuencias que de este asunto necesariamente se han de derivar.

La CÁMARA, Excmo. Sr., desde su creación viene

(4)

gestionando cerca del Gobierno el canje de la pasta circulante, auxiliada eficazmente por las dignísimas autoridades de la Isla, que, compenetradas de los peligros que para el crédito público apareja la circulación de la moneda mexicana, han expuesto siempre á los antecesores de V.E. la necesidad de convertirla ó reacuñarla, como lo comprueban los luminosos informes del Gobierno General y las Memorias publicadas por la Intendencia General de Hacienda desde 1884.

Las Cortes españolas, atendiendo la justicia de estas reclamaciones, comprendiendo que la moneda es el signo de la soberanía y que representa el crédito de una nación; que una provincia española, al pedir la unificación monetaria con su metrópoli, pedía lo más elemental dentro del derecho, llevaron á las leyes de presupuestos este deseo, imponiendo al Gobierno la obligación de surtir de moneda nacional á esta provincia, en cantidad suficiente para atender á las exigencias del mercado.

Tan halagüeña esperanza no se vió nunca traducida en hechos, dando lugar á contínuas quejas expuestas siempre por nuestra Diputación en Cortes, y ante las cuales, en pleno Parlamento, ha comprometido V.E. su palabra honrada y leal y su decisión de gobernante y de patriota, de poner coto á situación tan anormal, decretando el canje, y respondiendo así á las aspiraciones de este país, en varias ocasiones manifestadas por los centros oficiales, por el comercio, por la prensa y por la opinión general.

La lentitud en resolverlo ha traido como triste secuela la actual situación, más que nunca aflictiva y angustiosa. Nunca, Excmo. Sr., había llegado los cambios á tanta altura, nunca la plata mexicana se habia visto tan depreciada, á pesar de las trabas que se oponen á su introducción, para que costasen las libranzas sobre París y Londres al 64 p.00 y sobre la Península al 32; y si V.E. no lo resuelve, guiándose sólo por la rectitud de su criterio, y desatendiendo egoismos de particulares interesados en semejante desbarajuste, muy pronto lamentaremos males y peligros que por fortuna no han arraigado en este país pacífico y leal, y adicto y obediente como ninguno á las disposiciones del Gobierno nacional.

Por eso esta CÁMARA ha elevado su súplica á los píes del Trono; por eso ha excitado en reiterados telegramas á V.E., para que dé la solución tan ofrecida y esperada á este problema, porque las quejas nacen y se desarrollan al compás de los quebrantos que de contínuo se sufren.

Para que V.E. pueda formarse un juicio de cómo viven las clases trabajadoras, rotas las relaciones comerciales con los Estados Unidos, y vigente el arancel de 1892, no tiene que fijarse más que en los siguientes datos: los jornales son los mismos que hace unos tres años; los cambios estaban entonces sobre New York al 20 p. 00, y hoy están al 64, duplicándose así el valor de las mercancías; el tocino y el jamón, que eran libres, pagan hoy $5 y 4 de derechos fiscales; la harina, que adeudaba $1, adeuda hoy 5; el arroz, que recibimos en cantidad de doce millones de kilos de Alemania, se afora tambien, á causa de cuestiones internacionales, por la primera columna, y si á esto se agregan los derechos de consumo á los Ayuntamientos, *que exceden de un millón de pesos*, y que antes no existían, porque los Ayuntamientos cubrían su presupuesto por un repartimiento al vecindario sobre la cuota del Estado, que duplicaban, triplicaban ó quintuplicaban según sus necesidades, comprenderá V.E. cómo se ha encarecido la vida local, haciendo insostenible la existencia del bracero.

Aquí, donde la anemia consume la vida, no poner al alcance de las clases menesterosas los productos necesarios para su alimentación, es un daño para el Estado y una injusticia de la que no puede hacerse solidario un espíritu recto como el de V.E.

Si esto pasa con los artículos de primera necesidad, los demás siguen el mismo rumbo, pues los establecimientos de mercería, si traen los artículos de la Península, tienen que pagar un impuesto transitorio que resulta mayor sobre la segunda columna del vigente arancel que el proporcional de la tarifa correspondiente antes de establecerse el cabotaje, además el 32 p.00 de cambio; si vienen del extranjero, adeudan doble que antes, con el 64 p.00 de giro.

Basta sólo saber que los mismos productos del país, como el café y el azúcar, cuestan aquí más caros que en los mercados europeos y americanos.

Esto, en cuanto á los consumidores.

Si analizamos la cuestión monetaria, en lo que afecta al comercio, no solo han desmerecido de una manera notable los ahorros de nuestro trabajo, sino que los quebrantos son de tal naturaleza, que pueden ocasionar la ruina de esta meritoria clase, la primera siempre en atender y en subvenir á las necesidades públicas. El siguiente dato lo apreciará V.E. con su claro talento. Hace seis meses oscilaban los cambios sobre París, Londres ó Nueva-York del 45 al 50 p. 00 y sobre Madrid del 18 al 20. La moneda mexicana se cotizaba en los Estados Unidos del 50 al 52 p. 00

El cálculo más pesimista no podía suponer una depreciación mayor en la plata, y en este sentido no era admisible el pensamiento de que se elevasen los cambios, realizando así el comercio sus operaciones bajo esta base. Pues bien, Excmo. Sr: hoy, sin haber variado aquella cotización, los cambios han subido de un 15 á un 20 p.00 más, y, al tener el comercio que reintegrar el valor de las mercancías adquiridas, la pérdida representa un factor superior á la ganancia.

No hay, pues, seguridad para las operaciones mercantiles; los negocios se paralizan, el descontento cunde, porque lo incierto y lo aventurado no pueden servir de norma ni de garantía al tráfico.

Pues si esto sucede en el orden de los negocios, en otro orden de ideas las consecuencias de nuestra circulación monetaria son tristísimas y vergonzosas.

Todo el interés de nuestras dignísimas autoridades, todo el celo y vigilancia de una administración notoriamente honrada, como la de Puerto-Rico, se estrellan ante las especulaciones inmorales del fraude.

Con cien leguas de costa, esta Provincia, rodeada de islas donde la moneda mexicana se cotiza con mayor demérito, no se ha podido, ni antes, ni ahora, ni se podrá nunca evitar, á pesar de las penas durísimas de la ley, que el contrabando se verifique, y, por consiguiente, que el valor de nuestros frutos sirva en parte para pagar este agiotaje, que se hace con nuestro trabajo en vez de dedicarlo al pago de nuestras importaciones, contribuyendo tal desorden á las oscilaciones imprevistas y bruscas de los cambios.

Si otras razones poderosísimas no hubiere, esta

(8)

sola bastaría, Excmo. Sr., para que V.E. decretara la unificación monetaria con la Península.

Es cierto, Excmo. Sr., que parte de una clase, la agricultura, y algunos que refaccionan fincas agrícolas, se oponen á medida tan justa y equitativa, anunciando á V.E. que la ruina será el corolario del canje.

No hemos de lanzar acusaciones sobre nadie, sino solamente llevar al convencimiento de V.E. la injusticia y el egoísmo que revela esa resistencia, que desequilibra de tal manera los beneficios, y que favorece á los menos en perjuicio de los más, y que tiende á desnaturalizar el alto pensamiento de las Cortes del Reino.

Nunca la agricultura ha estado tan atendida por el Estado como hoy. V.E. mismo, siendo Ministro en la pasada situación liberal, alivió sus cargas contributivas disponiendo que no pagara por repartimiento al Municipio sino una cuota igual á la del Estado, estableciendo los derechos de consumo para cubrir los presupuestos locales. Ahora mismo acaba de disponer V.E. que se rebaje medio peso de exportación por cada quintal de café, y su digno antecesor, inspirándose en principios de equidad, que alabamos, ordenó que se descontara á los agricultores de caña, no el 35 p.00, que desde el 80 pagaban, sino el 75 p.00 del valor de los productos para gastos de cultivo.

Verificado el canje por plata española, y vendiendo sus productos en oro los agricultores, porque en su gran mayoría se exportan para países que tienen este patrón, todavía gozarán del beneficio del cambio, ya que la plata nacional tiene un quebranto con relación al oro que oscila de un 17 á un 20 p. 00.

Querer sostener esta anarquía monetaria por el

lucro que ofrece un cambio todavía más alto, con detrimento de los demás intereses de la provincia, dignos también de amparo, de justicia y de protección, y en perjuicio del valor efectivo de la propiedad territorial, es un error tan grande y envuelve un egoísmo tan marcado, que no pueden pesar en el ánimo de V.E., llamado por su altísimo cargo á velar por todos los intereses, razones ni argumentos que no tiendan al bienestar general de la Isla.

No es exacto, Excmo. Sr., que la agricultura se arruine, como pretenden algunos interesados, con evidente exageración, demostrar.

El café, que es la principal fuente de la riqueza pública, y que representa el valor de las dos terceras partes de nuestra exportación, no cuesta al agricultor más de nueve pesos mexicanos el quintal, y se cotiza hoy en Barcelona ó Santander á 34 pesos españoles, es decir, á 28 efectivos, porque paga seis de impuestos transitorio y municipal.

Hay agricultor de los opuestos al canje que expone á V.E. que nuestra circulación asciende á 29 millones de pesos, y por esta hipérbole deducirá V.E. el valor de las demás argumentaciones.

LA CÁMARA DE COMERCIO, Excmo. Señor, al demandar con urgencia la necesidad del canje; al pintar con sus verdaderos colores la tristísima situación monetaria que aflige al país; al demostrar con la elocuencia de los números los inmensos quebrantos que sufre y la falta absoluta de base para realizar operaciones mercantiles; al exponer los graves conflictos de orden social que pueden ocurrir; al reclamar la unificación monetaria con su Metrópoli para ponerse á salvo de escandalosas negociaciones; al hacerse intérprete fiel de las aspiraciones generales, responde á su historia, á sus antecedentes, á la consecuencia con que viene, desde su creación, pidiendo establecer el patrón monetario nacional; para tener una base sólida en que fundar su moneda de cuenta.

En esta ruda labor no ha encontrado nunca la oposición que surge ahora, en la espectativa de embarque de frutos, de intereses particulares que deben posponerse ante el bien general.

En ninguna disposición soberana aparece el pensamiento de mantener como permanente la circulación de la plata mexicana.

La R.O. de 1879 expresa que autoriza *por ahora* (son sus palabras) esa circulación; las leyes posteriores consignan la obligación de reacuñarla; las órdenes gubernativas ponen trabas á su introducción, y la ley que autoriza la creación del Banco Español le prohibe emitir en moneda corriente.

Pues si todo tiende á que desaparezca este ruinoso *statuo quo*, gloria será para V.E., como lo tiene prometido, resolver con urgencia este problema tal y como demandan las necesidades públicas, y como lo piden de consuno los centros oficiales, la prensa y la opinión general de la provincia.

Gracia y justicia que no dudan alcanzar de la rectitud del criterio de V.E. en San Juan de Puerto-Rico, á los treinta días del mes de Septiembre de 1894.

EXCMO. SEÑOR.

EL PRESIDENTE ACCIDENTAL,   EL SECRETARIO GENERAL,
Alejandro Villar.   *Pedro Arsuaga.*

www.ingramcontent.com/pod-product-compliance
Lightning Source LLC
Chambersburg PA
CBHW080539170426
43195CB00016B/2616